ERREURS
ET
PRÉJUGÉS

PAR

ÉLIÇAGARAY.

3e édition.

A PARIS
CHEZ PHILIPPART, LIBRAIRE
RUE DAUPHINE, 24,
ET CHEZ TOUS LES LIBRAIRES
DE LA FRANCE.

ERREURS

ET PRÉJUGÉS.

A

ABEILLES. La reine des abeilles, comme les travailleuses ses compagnes, ou plutôt ses sujettes, est, quoi qu'on en ait dit, armée d'un aiguillon aussi venimeux que celui des autres, mais pas plus que les autres abeilles elle ne le laisse dans la plaie, et ne meurt pas davantage à la suite de la blessure qui l'a vengée et comme pour l'expier; la piqûre même des abeilles devient sans danger dès qu'elles ont épuisé la liqueur empoisonnée que leur dard recèle : et cette vérité repose sur l'autorité incontestable des nombreuses expériences de Réaumur lui-même. — On a cru longtemps aussi, et l'on croit encore assez généralement que le miel et la cire sont recueillis à la fois par les abeilles dans le calice des fleurs ; il est prouvé que c'est dans leur estomac même que la transformation s'opère.

ACCAPAREURS. Le peuple, à qui la faim et le désespoir dans les moments de disette font voir partout des ennemis, appelle accapareurs ceux qui achètent et gardent en magasin, ou qui sont accusés du moins d'acheter et de garder de grandes quantités d'une denrée quelconque, mais principalement de grains. « La meilleure manière de savoir, dit M. Charles Dezobry, s'il y a des accapareurs de blé, c'est de s'assurer d'abord si les accaparements de cette dernière denrée sont possibles par des particuliers. Est-ce que vous n'avez pas remarqué que quand le blé est un peu plus cher dans un marché que dans un autre, aussitôt les marchands vont porter le leur de préférence sur celui où ils en trouvent le plus grand prix ? Par contre-coup, le grain devenant plus rare sur le marché qu'ils abandonnent, les prix y augmentent aussi, et de cette manière ils finissent par se niveler et deviennent à peu près les mêmes partout. Eh bien, pour que les accaparements soient possibles et quelque peu nuisibles en France, il faudrait que l'on pût acheter de grandes quantités de blé sur beaucoup de marchés à la fois; il faudrait aussi que ce fût à des prix assez modérés qui permissent de faire de gros bénéfices, car il en coûte cher pour transporter le grain, le loger et l'entretenir, et les magasins devant être immenses ne peuvent être cachés : voilà donc de grands obstacles à ce que quelques individus amassent secrètement des quantités de grains un peu considérables. Quand la moisson est insuffisante, les départements où il y a excédant expédient à ceux où il y a manque parce qu'il y a là cherté; et en cas d'insuffisance absolue on a recours aux pays étrangers, car Dieu n'a pas permis que les moissons fussent partout à la fois insuffisantes, et une année calamiteuse pour un pays est souvent très-abondante dans un autre : et c'est alors surtout que le peuple croit que les accapareurs font leur coup, car selon lui « il n'y « a que les riches qui peuvent acheter en pays étrangers, et une fois « qu'ils savent qu'on a besoin d'eux ils vendent le prix qu'ils veulent « et gagnent des millions aux dépens des malheureux. » Mais voilà justement une chose qui n'est pas, et par une bonne raison: c'est qu'elle est tout simplement impossible. Prouvons-le : D'abord un accaparement ainsi défini demande un grand concours de gens riches; comment est-il possible que des divers points de la France les gens riches qui ne se connaissent pas entre eux et ne se voient jamais s'entendent pour acheter ensemble des grains et les vendre ensuite à des prix usuraires? Et puis, les blés que l'on tire des pays étrangers arrivent presque tous par mer et par tous les côtés de la France à la fois, comme pour répondre partout à ses besoins : ils arrivent par la Méditerranée à Toulon, à Marseille, à Cette, à Port-Vendre; par l'Océan, à Bordeaux, La Rochelle, Nantes, Brest, Saint-Malo, Granville, Le Havre et Calais. La France recevant des blés par tous les côtés à la fois, l'accaparement devient donc impossible. »

AIR. Les Anciens croyaient, le monde savant a cru comme eux jusqu'à Lavoisier, et généralement on croit encore aujourd'hui que l'air est un élément : c'est une erreur, et Lavoisier est le premier qui l'ait reconnue. Il décomposa l'air en deux gaz, qu'il désigna sous le nom d'oxygène et d'azote; et voici, d'après M Bède, comment il s'y prit : Il chauffa pendant douze jours à une température de 360 degrés centigrades du mercure dans un ballon de verre prolongé d'un col recourbé qui allait plonger dans une cloche placée dans un bain de mercure. Lorsque l'expérience fut achevée, le mercure du ballon était couvert de petites paillettes rouges, et le gaz qui restait sous la cloche n'était pas de l'air, mais un gaz impropre à la respiration, que Lavoisier appela pour cette raison *azote* (de deux mots grecs qui signifient *privation de la vie*). Il recueillit ensuite avec soin la poussière rouge restée sur le mercure et la plaça dans une cornue terminée par un tube qui allait plonger sous une cloche. En chauffant il vit peu à peu le mercure reprendre sa couleur, tandis qu'un gaz s'élevait sous la cloche, et ce gaz était l'oxygène. Ces deux gaz sont donc les constituants de l'air, qui fournit même un troisième élément, le carbone: l'air n'est donc pas un élément, il est un produit d'éléments divers.

AMULETTES (Voyez **TALISMANS**).

ANES. On a dit il y a fort longtemps : « Bête comme un âne », et malgré les éloges de Johnston et de Buffon, nous avons répété ce proverbe en écho, sans nous douter que nous propagions une erreur, un préjugé, une calomnie. Est-ce sa sobriété, sa bonté, sa patience, qui lui ont valu cette épithète si méprisante? est-ce parce qu'il souffre avec constance et avec courage les coups qu'il n'a pas mérités? Vous dites : « Bête comme un âne, » et vous prenez l'âne pour guide dans les chemins difficiles et raboteux, sûr qu'il aura l'adresse de ne pas trébucher et de vous tirer des plus mauvais pas ; vous prodiguez la stupidité à l'âne, et vous en faites pourtant un savant et un prophète : s'il se roule dans la poussière il prédit le beau temps, et s'il dresse les oreilles c'est la pluie. Tenez ! Louis XI était plus sensé que vous : il congédia tous ses astrologues, et savez-vous par qui il les remplaça? Par un âne.

ANTIPATHIES et **SYMPATHIES.** Les antipathies comme les sympathies sont dans la nature, mais on les a beaucoup exagérées, en faisant, par exemple, comme Legendre, ressentir en même temps à deux jumeaux, séparés par des distances considérables, la même blessure faite uniquement à l'un d'eux ; et nous ne savons pas jusqu'à quel point Henri de La Rochejaquelein, le brave des braves, s'évanouissait à la vue d'une araignée, comme le maréchal d'Albret à l'aspect d'une tête de marcassin.

ANTIPODES. On devrait opposer, pour essayer de les guérir, dans une dualité persévérante, les sceptiques, ou ceux qui ne croient à rien, aux esprits faciles et confiants qui ont la foi de tout : si les uns aspirent avidement les impossibilités les plus manifestes, les autres repoussent avec énergie les démonstrations les plus convaincantes. Nous ne disons pas cela pour les antipodes, car il n'était pas besoin de l'autorité de Lactance et de saint Augustin, qui traitèrent cette vérité d'hérésie, pour se refuser à croire qu'il existe des peuples qui ont les pieds opposés aux nôtres, et par conséquent qui marchent la tête en bas. On envoyait aux antipodes ceux qui y croyaient : il vous prenaient au mot, ils y allaient, et maintenant on y va comme eux encore, et comme eux on en revient convaincu.

APPARITIONS (Voyez **ERREURS**).

ARAIGNÉES. *Araignée du matin, chagrin; araignée du soir, espoir.* Malgré ce proverbe de bonne femme et de tireuse de cartes, malgré toutes les calamités auxquelles vous vous exposeriez si vous osiez tuer une araignée avant midi, tuez hardiment à toute heure des araignées s'il vous en prend fantaisie et si elles vous incommodent ; croquez-les même comme l'astronome Lalande, si vous en êtes friand comme lui et si vous leur trouvez, surtout à celles si potelées de jardin, un goût prononcé d'avelines. (Voyez *Tarentule.*)

ASTRES, ASTROLOGIE, ASTROLOGUES. Deux grands capitaines, César et Pompée; trois empereurs, Auguste, Tibère et Caracalla; deux illustres poëtes, Horace et Virgile; deux grands ministres, Richelieu et Mazarin, croyaient à l'influence des astres. — L'astronome de Louis XI s'assura une longue suite de jours par une repartie spirituelle. Le roi lui demande, de cet air peu rassurant qu'on lui connaissait, s'il savait à quel moment il mourrait : — Oui, sire, répond-il hardiment, deux jours après Votre Majesté. — Le règne de l'astrologie fut dans tout son éclat, en France, sous les deux Médicis, Marie et Catherine ; cet éclat s'affaiblit sous Louis XIV, et l'incrédulité par excellence de M. le Régent et de son siècle étouffèrent ses dernières lueurs. — C'est l'astrologie qui avait pronostiqué pour l'an Mil cette fin du monde qui frappa de terreur l'Europe entière.— C'est l'astrologue Stoffler qui, pour le mois de février 1524, avait prophétisé un second ou un troisième déluge universel: les charpentiers furent sans doute ses complices, car, vers l'approche du moment fatal, les commandes de bateaux et d'arches affluèrent dans leurs ateliers : le mois de février s'écoula sans que les nouveaux Noés eussent même une goutte d'eau.—Deux adeptes de l'ancienne astrologie avaient gravement prédit à Voltaire, après avoir consulté les planètes et les constellations, qu'il mourrait à trente-deux ans. Voltaire ne les trompa que de cinquante années : il mourut à quatre-vingt-deux ans. — Le fameux astrologue Cardan avait prédit au roi d'Angleterre Edouard VI un règne long et glorieux : le pauvre roi, pour lui donner un démenti, mourut à seize ans ; Cardan ne se tint pas pour battu : il prédit pour lui-même le jour et l'heure de sa mort, et afin d'échapper à la honte d'un second démenti, au jour et à l'heure dits il se tua. — Aujourd'hui encore, le culte du soleil en Perse, celui des étoiles au Japon sont en plein exercice. — Chaque nouvel empereur de la Chine ne manque pas, à son avénement, de faire tirer son horoscope céleste : la Chine sans cela se garderait bien de s'appeler le Céleste empire.

ASTROLOGIE, ASTROLOGUES (Voyez **ASTRES**).

AVENTURE (Bonne-) (Voyez **CHIROMANCIE**).

B

BAGUETTE (divinatoire). La baguette fameuse qui, entre les mains d'habiles escrocs, comme le fameux Aimar, avait le don de suivre la trace des meurtriers, de faire, en se courbant, découvrir l'argent volé, d'indiquer par une pirouette les gisements aurifères, a eu le don d'endormir nos aïeux, au coin du foyer, au récit de ses merveilleuses évolutions. — Elle est ensevelie avec nos pères.

BASILIC. Dans l'opinion des anciens, le regard seul du basilic était combustible, inflammable, homicide : ainsi Pline et Galien l'ont affirmé, et Aristote le *Grand* lui-même, si bien que son digne élève Alexandre, le *Grand* aussi, pour se montrer à la hauteur des doctes enseignements d'un pareil maître, n'eut rien de plus pressé que de lever le siége d'une ville d'Asie parce qu'un héroïque basilic, armant ses regards électriques de tous les venins et de tous les feux de son patriotisme, en avait foudroyé quelques centaines de Macédoniens à la fois.—Pas n'est besoin de dire que le basilic est considéré aujourd'hui comme un mythe.

BÉLISAIRE. Comme la plupart des historiens ne sont que les copistes les uns des autres, il suffit souvent d'une erreur de date, de nom et de fait, commise par le premier historien, pour que d'écho en écho, de siècle en siècle, elle se propage et serve ainsi à fausser, sur une foule d'événements, l'instruction publique de la postérité. Pour n'en citer qu'un trait bien remarquable, il prend fantaisie tout à coup à un auteur du 16e siècle de faire crever les yeux à Bélisaire, par ordre de l'empereur Justinien : et aussitôt les historiens, qui se suivent et qui se ressemblent tous, de fouler le même vestige, de passer sur le même sillon, de répercuter le même écho ; et dans la crainte que le préjugé ne jette pas d'assez profondes racines dans le fonds pourtant déjà si riche de la fausse éducation populaire, vite que la poésie dramatique, que la musique, que la peinture s'en emparent, le jettent à tous les vents, à toutes les émotions, et qu'on ne voie plus que Bélisaire aveugle, trottant par les chemins avec son enfant et son casque, et criant à chaque passant d'une façon toute moderne : Pauvre aveugle, s'il vous plaît !

BOURREAU. Un préjugé trop enraciné dans le caractère français pour qu'on puisse espérer de jamais l'extirper est celui qui stigmatise, dans l'opinion, d'une flétrissure indélébile le front de l'exécuteur de la justice humaine. L'homme qu'aux yeux de la philosophie et de la raison l'on devrait honorer comme le vengeur de la société outragée, dépouillée, frappée de mort dans quelques-uns de ses membres, est précisément le paria et l'excommunié de cette société superficielle et légère qui n'est qu'esprit et imagination, qui n'a que des passions et des sens. — En Chine, où l'on pense, où l'on approfondit, où l'on juge, les fonctions du bourreau sont tellement ennoblies, que seul dans tout l'empire il a le droit de porter sur ses habits les couleurs de la famille impériale.

C

CAMÉLÉON. Les auteurs anciens ne se sont pas contentés d'affliger le caméléon d'une surdité complète, et en réalité Camper lui a reconnu une ouïe presque imperceptible, ils l'ont doué en revanche d'une sobriété qui ferait honte à celle de l'âne et du chameau ; ils lui ont prêté des jeûnes impossibles. Aristote, Elien et Pline ont été plus loin : ils l'ont fait vivre tout bonnement de l'air du temps. La vérité vraie sur l'espèce de lézard nommée caméléon, c'est que sa sobriété et son carême ne s'aventurent pas au delà d'un an, ce qui est déjà fort raisonnable ; c'est que sa nature timide et craintive fait passer sa peau transparente par les nuances successives du jaune, du noir, du vert, du blanc et du rouge, couleurs sur lesquelles influent surtout la chaleur et la lumière : voilà pourquoi on lui a prodigué si généreusement des métamorphoses, des transformations de peau analogues à celles de cet écuyer du cirque qui se dépouille, à la course, d'une foule de redingotes, d'une multitude d'habits, d'une infinité de gilets, de je ne sais combien de mètres de cravates, et d'un barême entier de culottes; ou identiques aux changements d'habits politiques de nos hommes d'État modernes.

CARTES (Voyez CHIROMANCIE).

CENTAURES (Voyez ERREURS).

CHARLATANS et EMPIRIQUES. On rencontre assez généralement dans le monde des gens qui, après vous avoir cité des malades que les médecins avaient abandonnés dans toutes les règles, et que, contre toutes les règles, des empiriques ont sauvés, en concluent qu'on ne doit plus avoir confiance que dans les empiriques : c'est un préjugé d'autant plus funeste que la demi-science des charlatans a des conséquences plus terribles que l'ignorance la plus complète, parce qu'elle est toujours la mère d'une suffisance immodérée, qui grandit en proportion de ce qu'elle ignore. Gardez-vous donc, pour l'amour de votre santé, des orviétans, des panacées universelles, des baumes souverains, comme vous vous gardez déjà, je l'espère pour votre bourse, des moelles de bœuf, des pommades de lion, des graisses d'ours, qui ne recèlent point la plus petite forêt de cheveux; des systèmes d'orthographe, qui ont pour résultat de vous empêcher de jamais la mettre ; des méthodes et des théories mnémoniques et financières, qui vous ôtent, dans la pratique, le peu de mémoire que vous ayez et le peu d'écus qui vous restent ; des chapeaux et des chaussures imperméables, des mangeurs d'oiseaux, de souris, de cailloux, de grenouilles, de couteaux, de lézards, de sabres; des secrets du Grand-Albert, des hommes incombustibles et des veaux marins!

CHIROMANCIE, CARTOMANCIE. Si les destinées de tout un peuple crédule n'avaient pas été pour ainsi dire enchaînées à la conservation des livres sacrés des Sibylles, nous aurions été tentés de ravaler leur grimoire à celui des bohémiens nomades du moyen âge, aux pratiques des bohémiens fixes des temps modernes : tireurs de cartes et chiromanciens. Aristote, après tout, n'a-t-il pas pris la chiromancie sous sa haute protection, et lui, savant par excellence, n'en fait-il pas, avec toute l'autorité de son nom, une science positive? Le pouce n'est-il pas sous l'influence de la planète Vénus; l'index sous celle de Jupiter; le médium sous celle de Saturne? tandis que l'annulaire est revendiqué par le Soleil, l'auriculaire par Mercure, et par Mars le centre de la main : le reste est abandonné à madame la Lune.—Les lignes de la main ont exercé surtout les cabalistes hébreux. Pour les chrétiens, la vie ne tient qu'à un fil; pour les chiromanciens, elle ne tient qu'à une ligne. Nostradamus ne se contentait pas de cela, il lui fallait un corps tout nu; et ce n'est qu'à ce prix qu'il osa dire à Henri IV enfant, comme les sorcières à Macbeth : « Tu seras roi ! »—Si la prédiction de l'avenir par l'inspection de la main est un peu déchue aujourd'hui, il est loin d'en être de même de la Cartomancie. Comment avouer sans honte pour son siècle et pour son pays que les tireuses et les tireurs de cartes sont encore, au dix-neuvième siècle, les reines et les rois non plus seulement des crétins et des gueux, mais d'esprits qui étincellent de quelques lueurs d'intelligence et qui les prostituent à de si stupides faiblesses! Un peu de respect pour vous-mêmes! et ne livrez plus le dépôt sacré de votre confiance à des jongleurs qui vous dispensent la fortune future en vous soutirant d'abord quelques sous, comme les alchimistes du moyen âge avec leur pierre philosophale; qui vous prodiguent les palais sans pouvoir jamais sortir de leurs tanières, qui élargissent toujours pour vous des horizons de somptueuse puissance, et qui crèvent dans leurs haillons ou sur leur grabat [1].

CIGOGNES (Voyez ERREURS).

CLOCHES. Un préjugé d'autant plus consciencieusement établi parmi nous qu'il vient de haut et que les savants eux-mêmes ont contribué à le propager, c'est que le son des cloches attire la foudre : les clochers, oui, comme toutes les sommités, comme les arbres, comme les flèches aiguës; mais le son des cloches lui-même, non, cent fois non: et moi qui ne suis ni un physicien, ni un astronome, ni un savant quelconque, j'offre de mettre en branle toutes les clo-

[1] Nostradamus, Moreau, Mlle Lenormand, etc., font exception à cette règle générale, et ce n'est pas à l'honneur des grands seigneurs et des têtes couronnées leurs contemporains.

ches du monde, pendant vingt orages, non dans les clochers mais dans les lieux bas, mais en plaine, et je me fais fort non de conjurer ainsi vingt fois la foudre, mais du moins de ne pas l'attirer une seule fois. (Voyez *Foudre*.)

COLIMAÇONS. Les colimaçons ne sont pas plus aveugles que les taupes; et quoique Voltaire et Spallanzani prétendent leur avoir coupé des têtes et les avoir vues repousser, Adanson et Valmont de Bomare en ont décapité des millions sans découvrir en eux ce prodige.

COLOMBE. Nos aleux, à l'exemple des Romains pour la louve de Romulus et pour la nymphe Égérie de leur roi Numa, n'auraient pas souffert que l'on rangeât au nombre des fables la colombe céleste apportant à saint Remi le chrême, l'huile sainte, dont fut sacré le front de Clovis.

COMÉDIENS. Le préjugé qui s'attachait à repousser le comédien de tous les salons comme de tous les temples, à le chasser du sein des familles, à le retrancher de la société, à l'isoler comme le bourreau, est presque tombé aujourd'hui. Que le comédien soit honnête homme, qu'il ait du talent, il s'honore et il honore lui-même de nobles amitiés, et les alliances les plus hautes ne dédaignent pas d'élever les artistes jusqu'à elles. Le refuge de Dieu ne leur est plus fermé, la terre sainte ne leur est plus interdite : toutes les barrières enfin qui les séparaient de nous sont tombées sous le niveau de l'égalité et de la fraternité humaines.

COMÈTES. Un ami de Newton attribua le déluge à une comète... Buffon supposait que les comètes étaient des éclaboussures du soleil. On a été jusqu'à dire, d'après cette tradition des Arcadiens, qui se croyaient plus anciens que la Lune, que notre satellite pourrait bien être une comète dont la course errante aurait été fixée par la Terre : ce sont autant d'erreurs, comme aussi est un préjugé la prétendue influence des comètes sur les saisons : il n'y a aucune liaison entre les températures élevées de notre atmosphère et les apparitions des comètes. On a mis sur le compte de l'apparition de la dernière comète (celle de 1843) les chaleurs précoces de l'année : eh bien, les observations météorologiques n'ont en réalité rien accusé de sensible relativement à son influence sur l'atmosphère. Quant aux inondations du Midi et au tremblement de terre de la Guadeloupe que le vulgaire lui a aussi attribués, il n'y a qu'une réponse bien simple à faire : c'est que l'apparition de cette même comète en 1668, dans la même saison et dans des circonstances identiques, ne coïncida ni avec le plus léger tremblement de terre ni avec le plus petit débordement. Les Mexicains du moins ont un préjugé moins bouleversant, moins dramatique, ils s'illusionnent d'une erreur plus riante : l'apparition d'une comète est pour eux le présage de la découverte d'une *bonanza*, ce qui veut dire d'une mine d'or féconde en majestueux bénéfices. Vous verrez que c'est la comète de 1843 qui a fait découvrir les placers de la Californie.— Pour ce qui est du choc possible de la Terre ou de toute autre planète par des comètes, comme celles-ci se meuvent dans toutes les directions et parcourent des ellipses extrêmement allongées en traversant notre système solaire et coupant les orbites des planètes, il n'y aurait pas rigoureusement impossibilité qu'une rencontre et qu'un choc épouvantable eussent lieu ; mais cette rencontre et ce choc sont en même temps excessivement improbables, eu égard à l'admirable pondération de tous les corps célestes.—Quant à l'historique attaché au préjugé de l'influence des comètes, on ne manqua pas de faire de celle qui parut peu après la mort de César le signe de son apothéose et de sa glorification céleste, comme on fit hommage à Napoléon de celle de 1819, par similitude avec César.

CONTES (Voyez **PUFFS**).

CORDE (de pendu). Depuis l'invention de la guillotine personne n'a plus comme autrefois de la corde de pendu dans sa poche, à moins d'en emprunter à nos voisins d'outre-Manche : c'est ce que font sans doute ceux qui passent pour les heureux de ce monde, quoique, à vrai dire, il en reste fort peu aujourd'hui. — Après tout, n'avons-nous pas la corde des pendus par suicide ? et à ce sujet n'est-ce pas un préjugé bien cruel et bien coupable de s'imaginer qu'on ne doit pas sans la présence des autorités couper la corde d'un homme qui s'est pendu? L'infortuné existe encore peut-être, vous le regardez, vous attendez impassibles la venue du magistrat; il arrive, mais le dernier souffle de cette créature qui, sans votre préjugé stupide, vous aurait dû son salut, vient de s'exhaler!

CRAPAUDS. Il n'est point vrai que généralement la vue seule d'un crapaud puisse occasionner des spasmes, des convulsions et même la mort; il n'est point vrai surtout qu'ils laissent un venin mortel sur les plantes qu'ils ont touchées ; ils n'en approchent, au contraire, que pour détruire les insectes qui flétrissent les fleurs et nuisent à la fertilité des légumes ; mais en revanche une seule pincée de tabac est pour eux-mêmes un poison mortel. Nous dirons au mot *Pluies* ce qu'il faut penser, malgré certains météorologistes, des pluies de crapauds.

CROIX. Cet esprit-fort couronné, ce philosophe voltairien, le Grand-Frédéric enfin, ne pouvait voir sans frémir une fourchette et un couteau disposés en croix sur la table.

CYGNE (Chant du) (Voyez **ERREURS**).

D

DÉMONS. Le prétendu démon familier de Socrate et cette nymphe Égérie que le roi Numa consultait dans le silence des bois, sont d'admirables symboles qui témoignent du génie de deux grands hommes n'hésitant pas à descendre ou plutôt à s'élever à des mensonges sublimes pour forcer la crédulité populaire, qu'ils ne pouvaient déraciner, à porter au moins des fruits de gloire et de grandeur. — Quant aux démons du moyen âge dont on était possédé comme Urbain Grandier, qu'on adorait au *verso*, comme l'a dit avec tant d'esprit M. Eugène Pelletan, avec lesquels on faisait un pacte qui vous aidait à trouver des trésors cachés, et qui en définitive vous conduisaient au bûcher, on ne sait à quel plus infime degré de stupidité, de bassesse ou de barbarie descendaient, en y croyant ou en feignant d'y croire, et les victimes et leurs bourreaux.

DEVINS (Voyez **SORCIERS**).

DRAGONS. Le dragon familier que Suétone fait manger dans la main de Tibère, celui de cinquante coudées qu'Auguste tenait en laisse en se promenant, et la *gargouille* que saint Romain enchaîna avec son étole, sont tout uniment de la famille de ceux qui traînaient le char de Médée, de celui qui gardait les pommes d'or du jardin des Hespérides, de la famille de l'hydre de Lerne, tous dragons fort apocryphes, légendaires et fabuleux.

E

ÉCREVISSES. Des miracles de guérison furent autrefois attribués aux yeux d'écrevisses par les empiriques et par le *servum pecus* des ignorants.

EMMAILLOTTEMENT. Il est de notoriété certaine que sans la manie systématique d'emprisonner les enfants dans des maillots il y aurait bien moins de bancals, de boiteux et de bossus ; et chez les populations sauvages où cet usage est inconnu, et parmi les peuples civilisés qui ont la sagesse de s'en dépêtrer chaque jour, il existe peu ou point de ces infirmités, tout à fait anormales dans la nature, et que la civilisation seule était capable d'enfanter.

EMPIRIQUES (Voyez **CHARLATANS**).

ERREURS ET PRÉJUGÉS. Sous ce titre général, nous ne ferons qu'indiquer les préjugés et les erreurs dont le bon sens public a depuis longtemps fait justice, ceux qu'il suffit de lui signaler pour le faire rougir ou rire de sa crédulité, ceux enfin dont nous avons parlé avec plus d'étendue sous d'autres titres. Tels sont les *présages* tirés du vol des oiseaux, des cris des bêtes nocturnes, des signes du zodiaque, des éléments ; le *sel* répandu sur la table ; les *centaures*, moitié hommes, moitié chevaux ; les *sirènes*, demi-femmes, demi-poissons, et leur *chant* et celui du *cygne* expirant ; la *statue de Memnon* rendant des sons harmonieux lorsqu'elle était frappée par les rayons du soleil ; les *cigognes* abandonnant autrefois les villes que le vainqueur était sur le point de mettre à sac, absolument comme aujourd'hui on prête gratuitement aux rats l'instinct de fuir loin des maisons qui vont s'écrouler ; *l'ichneumon* s'introduisant, par sa gueule ouverte, dans l'estomac du tigre endormi, lui rongeant les entrailles et ressortant par l'issue opposée ; la *quadrature du cercle ;* la *pierre philosophale* ou la transmutation des métaux, folie du 14e siècle dont Raymond Lulle, Nicolas Flamel et Paracelse furent les plus illustres analystes ; la *fatalité* antique et le *fatalisme* moderne, écueils des plus puissants génies; enfin les apparitions d'anges aux imaginations exaltées, au paysan Martin sous Louis XVIII, à Jeanne-d'Arc même sous Charles VII, noble et sublime exaltation celle-là, qu'inspira l'amour de la patrie, qui d'une femme fit un héros, et qui purgea le sol sacré de la France de cette impureté qui fut l'étranger. (Voyez *Puffs* et *Charlatans*.)

ÉTERNUMENTS. Les éternuments ont été, dans l'antiquité, d'heureux et de malheureux présage à la fois. Si Ève n'avait pas éternué, le serpent ne lui aurait pas dit : « Dieu vous bénisse ! », manière d'engager la conversation et de l'amener hypocritement sur le terrain de la fatale pomme ; si Adam n'avait pas éternué il serait encore aujourd'hui dans le paradis terrestre, et je n'écrirais pas ce petit livre. Voilà ce que les rabbins enseignent sérieusement et sans rire au fond de leur barbe; mais depuis Jacob, toujours d'après les rabbins, les éternuments n'étant plus pronostics de mort, Aristote et Hippocrate en ont fait un présent des dieux d'une influence manifeste sur la santé, et notamment favorable aux femmes en couche. Il est bon d'ajouter qu'Hippocrate et Aristote surtout avaient une barbe aussi bien fournie que celle des rabbins, et que la bonne opinion qu'ils ont de l'éternument ne nous garantit pas des rhumes de cerveau, qui en sont les trop assidus acolytes.

F

FANTOMES (Voyez **REVENANTS**).

FARFADETS. Qui n'a frissonné au 13e siècle et dans celui-ci au récit, oral alors, imprimé aujourd'hui, des désordres et des scandales des farfadets de la rue d'Enfer, dans cette maison fameuse d'où les chartreux les chassèrent par la prière, le jeûne, la discipline, et par ordre du roi ! Ils ont rendu le dernier soupir, il y a quelque trente ans, rue Guénégaud, faute d'air, dans les bouteilles hermétiquement fermées du grand Berbiguier de Terre-Neuve.

FATALITE, FATALISME (Voyez **ERREURS**).

FEUX-FOLLETS. Les feux-follets sont encore pour certaines parties de la France les âmes des trépassés que la superstition faisait voltiger autrefois à la surface des marais et entre les tombes et les croix des cimetières. N'allez pas dire aux esprits-forts et aux savants de ces pays-là que ces flammes vagabondes sont le produit de la putréfaction des cadavres d'où se dégagent des émanations phosphorées, ou les capricieuses évolutions des vapeurs gazeuses qui s'élèvent au-dessus des terrains de sulfure et de bitume; en résumé, que l'hydrogène formant avec le phosphore plusieurs combinaisons, la plus remarquable est le perphosphure d'hydrogène qui s'enflamme spontanément au contact de l'air, et que de ce gaz proviennent en réalité les feux-follets : votre assertion et vous-même seriez pris en grand'pitié. Vous ne croyez pas au merveilleux : et il en faut à tou prix aux hommes !

FOUDRE. Le laurier qui, disait-on autrefois, préservait de la foudre, est tout uniment une figure de rhétorique nommée *hyperbole*. (Voyez *Cloches*.)

FOURMIS. Les fourmis n'amassent pas des provisions pour l'hiver, comme on l'a répété en vers et en prose, en se faisant l'écho de la fable qui l'a si bien et si faussement dit ; elles les consomment à mesure qu'elles les recueillènt, vivent comme tant d'autres au jour le jour, et, l'hiver, comme les abeilles, tombent dans un engourdissement profond qui les affranchit du besoin de se nourrir, et conséquemment rend inutiles leur prévoyance et leurs approvisionnements.

G

GAUCHE. Les Romains considéraient comme de mauvais présage le bruit du tonnerre ou le croassement de la corneille retentissant à leur gauche. Les Gaulois nos pères nous ont transmis ce préjugé de leurs rivaux en superstitions comme en gloire, ou du moins l'équivalent dans celui qui nous fait en tout donner la préférence au côté droit sur le côté gauche, préférence du reste autorisée par les théologiens et les philosophes, les uns parce que J.-C. est assis à la droite de son père, les autres parce que les écrevisses ont la patte droite plus grosse et plus charnue que la patte gauche (Aristote); mais surtout à la main droite sur la main gauche, tandis que la nature les a faites l'une et l'autre pour les mêmes usages. Quel regret, en effet, dit Franklin, ne se préparent pas les parents qui n'enseignent pas de bonne heure à leurs enfants à se servir des deux mains, si un accident, une catastrophe vient à paralyser, à rendre impuissant le seul membre auquel vous ayez imprimé de l'activité! Si le chef d'emploi tombe malade, qui doublera le rôle? — Avisez donc.

GÉANTS et NAINS. Qu'il y ait dans la nature humaine quelques exceptions phénoménales relativement à la taille des individus, cela se conçoit sans peine; que les mythologues, les poëtes et les romanciers, dans leurs fictions, aient exagéré les proportions colossales des géants, abaissé outre mesure croyable les proportions contraires des nains ; donné à Polyphème 300 pieds ; imaginé les Titans et les Cyclopes, cela se conçoit encore : historiquement même et par exception, Goliath pouvait avoir *neuf* pieds et l'empereur Maximin *huit*, en retranchant de cette évaluation ce que la distance et l'amour du merveilleux ont pu ajouter au métré réel. Nous savons aussi que Bébé et Tom-Pouce ont réellement existé. Mais que des savants et des historiens comme Hérodote, Pline, Pomponius Méla, Plutarque, Aristote même et tant d'autres, veuillent nous convaincre sans rire et avec toute la solennité historique qu'ils ont vu des Indiens monter des éléphants comme nous montons nos chevaux; qu'ils ont vu des os de géant dont le crâne pouvait contenir deux setiers de blé; que le soulier de Persée était long de trois pieds (deux coudées), et que Teutobocchus, roi des Teutons, en avait vingt-cinq; qu'enfin les Pygmées ont réellement existé avec une taille de vingt-huit pouces, réduite encore à un pied par Juvénal, mais relevée, selon Pline, par une humeur guerroyante qui les porta, avec ce même arc dont ils exterminaient les grues, avec cette même hache dont ils abattaient les blés, gros pour eux comme des chênes, à faire le siége en règle d'Hercule lui-même endormi, une division attaquant le bras droit, une division attaquant le bras gauche, le roi et sa garde chargeant la tête, et le reste de l'armée se ruant aux pieds, jusqu'au moment où Hercule, s'éveillant, les enveloppa de son manteau comme d'un filet....., n'est-ce pas donner une pauvre idée de l'esprit humain, n'est-ce pas de son propre jugement donner une idée plus pauvre encore et comprendre bien peu la haute mission de l'histoire que d'instruire gravement les peuples dans la foi de pareilles monstruosités! J'aime autant la Bible des Juifs, qui ne fait monter les eaux du Déluge que jusqu'aux genoux du roi de Bazan, lequel, sur le point de lancer une montagne sur les Israélites, la sent tomber sur son cou en guise de collier, parce que les fourmis avaient eu le temps de la creuser pendant qu'il la tenait suspendue au-dessus de sa tête. — Des peuples de géants, des peuples de Lilliputiens n'ont jamais existé. Les Groenlandais, les Samoyèdes et les Lapons n'ont pas une taille fort au-dessous de la nôtre; et ces terribles Patagons, dont la stature, dépassant *dix* pieds, fut réduite bientôt à *sept*, sont reconnus aujourd'hui n'avoir pas même *six* pieds.

H

HALLUCINATIONS (Voyez **VISION**).

HIBOUX. Lorsque sur les bancs du collége nous étions plutôt citoyens de Rome qu'enfants de notre patrie, nous frémissions, comme le peuple-roi, à l'apparition néfaste d'un hibou, nous nous pressions dans les temples avec la foule romaine, les autels fumaient du sang de nos sacrifices, et nous aidions les pontifes à purifier la Ville : la bonhomie de Pline lui-même ne nous était pas suspecte, nous nous regardions comme fort heureux d'être nés avant que l'influence de ce présage eût frappé de stérilité nos mères, et nous voulions à toute force, pour le guérir à jamais de son penchant à l'ivrognerie, faire manger au père Jérôme, jardinier du couvent voisin des Carmélites, une ou deux omelettes aux œufs de hibou. Et aujourd'hui même que nous en avons reconnu le vide, le cri sinistre du hibou dans les nuits profondes nous fait encore frissonner, bien que nous ne croyions pas, comme dans les campagnes, qu'il soit un présage de mort.

HOMME-ROUGE (le Petit). Les apparitions du Petit Homme-Rouge à Napoléon et ses visites solennelles dans les circonstances fatales telles que la guerre d'Espagne, la campagne de Russie et celle de France, sont encore une de ces légendes populaires dont on a soin de hérisser comme de merveilleuses exostoses les surfaces de tous les grands hommes.

> Depuis la terreur (mars 1814)
> Plus n'y pensais, lorsque sa vue
> Du bon empereur
> M'annonça la chute imprévue.
>
> BÉRANGER.

HOROSCOPES (Voyez **CHIROMANCIE**).

HUITRES. Pline a été le premier à nous bâtir des contes en l'air sur les huîtres : il faisait dépendre leur volume nourri et charnu des phases diverses de la lune. Et aujourd'hui vous pourriez voir, chez quelque crédule gros mangeur d'huîtres de la rue Montorgueil, une bourriche flanquée d'un grand verre de lait, efficace dissolvant, a-t-on assuré, qui en opère la prompte digestion. Des expériences réitérées en ont été faites, et loin que le lait ait la puissance de les dissoudre, ce sont les huîtres plutôt elles-mêmes qui seraient douées d'une action dissolvante, mais pour ne l'exercer que sur notre bourse. — Avant qu'on eût trouvé le moyen de les faire voyager en poste, elles arrivaient gâtées à Paris, à l'époque des chaleurs, par suite du temps qu'elles mettaient à faire la route : d'où le préjugé, promu à la dignité de proverbe, que les huîtres n'étaient bonnes que dans les mois où il entre un R : mai, juin, juillet et août, faute d'R, étaient donc réduits à s'en passer; ils ne s'en privent plus aujourd'hui : et les huîtres, n'ayant plus besoin d'R pour être mangées, sont excellentes en tout temps.

I

ICHNEUMON (Voyez **ERREURS**).

J

JUIF-ERRANT (Voyez **PUFFS**).

JUIFS. On revient chaque jour des préjugés qui avaient fait des juifs, comme des comédiens, les parias de la société chrétienne : on commence à comprendre aujourd'hui qu'ils ne sont pas les ennemis-nés des sectateurs des autres religions; qu'ils ne croient pas être agréables au Dieu de leurs pères en trompant ou en volant les chrétiens; que l'usure n'a jamais reçu dans leurs livres sacrés la consécration d'un dogme, et que toutes les histoires d'hosties ensanglantées sous les coups de poignard, et d'enfants égorgés dans d'horribles sabbats mystérieux, sont les pures inventions d'une haine et d'un fanatisme aveugles, ou de l'homicide cupidité qui convoitait leurs richesses.

L

LAINE. On croit assez généralement que la laine donne de la chaleur : c'est une erreur comme tant d'autres; elle empêche uniquement celle du corps de s'échapper, et c'est ainsi qu'elle nous préserve du froid.

LÉZARDS. Avez-vous besoin d'argent ? mettez dans un de vos souliers la queue d'un lézard, et le lendemain, comme pour le petit-Pâques ou le petit-Noël des enfants, vous trouverez à la place de véritables écus tout battant neufs. — Ceux qui ont pu croire à de pareilles mystifications sont dignes d'avoir des mystificateurs à leurs gages. Ne vaudrait-il pas mieux croire à ce dévouement à l'humanité (malheureusement fort apocryphe) des lézards de Cayenne et de Surinam, qui auraient l'attention touchante de réveiller ceux qui, par mégarde, se sont endormis dans le voisinage des serpents à sonnettes !

LONGÉVITÉ. On sait maintenant à quoi s'en tenir sur la longévité séculaire des cerfs, des corbeaux, des corneilles, des cygnes, des perroquets, des carpes et des brochets. Les anciens Grecs et Romains calculaient sans doute la vie des animaux par semaines d'années comme les Hébreux la vie des hommes, longévité fort apocryphe elle-même malgré la prétendue dégénérescence de la race humaine. Ainsi les 115 ans du cerf d'Alexandre, et la bagatelle de 1077 ans du cerf de César dévalent fort honnêtement à la durée moyenne de 36 à 40 années. C'est ainsi qu'on a fait vivre 182 ans le faucon de Jacques II, le brochet de l'empereur Frédéric II 267 ans, et qu'on a chargé les carpes de Fontainebleau du misérable poids de trois siècles en les faisant contemporaines de François Ier. Le seul des animaux qui d'une manière bien avérée atteigne le complément d'un siècle est l'éléphant.

LOUPS-GAROUS. La dynastie des loups-garous a pris naissance dans l'antiquité : Varron, Pomponius Méla, Strabon et Virgile même en ont été les historiens; — elle fut dans toute sa puissance au moyen âge, et renaissait comme le phénix des cendres mêmes des bûchers du parlement; bien déchue et exilée aujourd'hui dans le cerveau de quelques bonnes femmes, elle y est l'objet d'un culte exploité encore par quelques fripons de grands-prêtres.

LOUVE. Les Romains éclairés ne croyaient pas plus que nous ne devons croire aujourd'hui à l'existence de la louve qui allaita Rémus et Romulus; le peuple seul avait foi dans la fabuleuse nourrice du fondateur de la Ville Éternelle comme dans la nymphe non moins fabuleuse qui, elle aussi, aurait nourri moralement le second roi de Rome, en lui prodiguant les inspirations de la sagesse. (Voyez *Démons.*)

LUNE. Lycurgue, le grand législateur, voulait que les Lacédémoniens attendissent pour combattre que la lune fût dans son plein. Les Anciens, en général, la faisaient présider à l'économie domestique. Hippocrate ne purgeait ses malades qu'après avoir consulté la lune; Plutarque prétendait que sa lumière putréfie les substances animales. Aujourd'hui encore ne croit-on pas à son influence sur la santé des femmes, sur le sexe des enfants, sur les produits de l'agriculture? et la *lune-rousse* ne jouit-elle pas encore dans nos campagnes d'une triste célébrité? n'est-ce pas elle qui gèle les bourgeons encore tendres, et qui exerce sur toute la végétation qui vient de poindre un action si funeste ? En réalité, ce qu'on croit être l'influence de l'astre n'est qu'un effet régulier des variations de la température, et les précautions que les jardiniers s'imaginent prendre contre la lune rousse en couvrant de paille les tendres bourgeons, ils ne les prennent en réalité que contre les effets du rayonnement.—Une erreur bien ancienne aussi et généralement répandue est celle qui attribue aux phases de la lune et à ses passages par les divers quartiers une influence sur les variations atmosphériques. Cette erreur populaire ne repose, comme la première, sur aucun fondement, et les observations les plus exactes, faites sur une longue échelle, donnent un démenti formel à cette supposition. Les changements de temps ne sont pas plus fréquents aux passages de la lune d'un quartier à l'autre qu'à toute autre époque. Sans nous inquiéter non plus ni des signes de la lune de miel, ni de la fécondité lunaire des femmes, ni des maniaques nommés bien à tort *lunatiques*, ne croyons qu'aux uniques et véritables influences de notre satellite, à celles qu'il exerce sur les marées.

LUTINS. Au moyen âge ils étaient cousins germains des loups-garous. Dans le 12e siècle, un gentil lutin saxon, qu'on avait surnommé le *Bonnet-Pointu*, rendait toutes sortes de services à chaque foyer domestique, fendait le bois, allumait le feu, tournait la broche, mais dans ses moments de vivacité y mettait quelquefois le cuisinier lui-même ou le coupait en morceaux comme un lapin, et l'accommodait en ragoût dans le but et avec l'attention délicate de varier le menu de ses maîtres. On l'excommuniait alors, et c'était bien fait : il recommençait le lendemain.

LYNX (Voyez VUE).

M

MAGNÉTISME. Sous ce nom principalement et quelquefois sous celui de somnambulisme artificiel on désigne plusieurs phénomènes bizarres, exceptionnels, miraculeux du système nerveux, attribués à certaines manœuvres particulières qui jettent le sujet dans un sommeil artificiel. Telle est la définition du magnétisme par le docteur Beaude. C'est au moyen de *passes*, ajoute-t-il, c'est-à-dire de mouvements de la main au-devant du visage et du corps du sujet que l'on obtient ce sommeil extraordinaire pendant lequel s'accomplissent ou ne s'accomplissent pas tant de miracles. — La personne soumise aux passes magnétiques est prise de bâillements, de pandiculations et s'endort; pendant son sommeil, elle peut parler, entendre les questions qu'on lui adresse, y répondre, se lever, marcher, se rasseoir, etc.; elle éprouve quelquefois des malaises, des mouvements convulsifs. Mais les passes ne produisent ces effets que sur un petit nombre de personnes délicates, nerveuses, impressionnables, sur des femmes particulièrement; dans la grande majorité des cas, et sur les sujets du sexe masculin bien constitués, ces manœuvres demeurent sans effet, n'en déplaise à M. de Puységur, à mademoiselle Pigeaire, à M. Félix et à M. Alexandre Dumas lui-même. Quant aux adeptes qui font voyager le fluide magnétique à travers les airs et endorment leurs sujets à des distances considérables, ce sont tout uniment des adeptes en jongleries. Les autres faits qu'il est impossible d'admettre, non-seulement parce qu'ils sont contraires aux lois bien connues de la nature, mais parce qu'ils n'ont jamais pu être authentiquement démontrés, sont la vue sans le secours des yeux, soit de près, soit à distance et à travers des corps opaques, la prophétisation, la divination de la pensée, ou le diagnostic de la nature ou du siége des maladies par des individus qui n'ont pas étudié la médecine. Beaucoup de personnes de très-bonne foi ont la croyance de ce phénomène, et quoique leur conviction soit respectable parce qu'elle est sincère et désintéressée, il n'en faut pas moins leur dire qu'elles se trompent ou qu'elles ont été trompées par l'adresse et les ruses de somnambules. *Observer* et *voir* sont deux choses fort différentes : le talent de bien observer n'est pas donné à tous, et les personnes du monde, généralement amies du merveilleux, sont dans de très-mauvaises conditions pour observer rigoureusement. — Il y a quelques années, le docteur Burdin, membre de l'Académie de médecine, proposa un prix de 3,000 fr. pour le somnambule qui serait reconnu capable de lire sans le secours des yeux. Le concours resta ouvert pendant trois ans. Quelques champions, et notamment Mlle Pigeaire, se présentèrent pour disputer le prix, mais ils échouèrent complétement devant la commission nommée pour décerner la récompense promise. Dans les différentes expériences qui eurent lieu chez le docteur Frappart, on observa plusieurs somnambules qui semblaient répondre aux conditions du programme : ainsi, plusieurs lisaient ou jouaient aux cartes avec un bandeau et des pièces de taffetas d'Angleterre sur les yeux ; mais on ne tarda pas à reconnaître que le bandeau se dérangeait, et que les pièces de taffetas se décollaient. M. le professeur Gerdy, d'abord, puis MM. Peisse et Dechambre, répétèrent ces expériences sur eux-mêmes, et, parfaitement éveillés, ils purent accomplir les mêmes prodiges que les somnambules. Depuis cette grande déconvenue, le magnétisme, banni de la science, s'est réfugié dans les salons, où il est destiné à concourir, avec les escamoteurs, à l'amusement des gens désœuvrés.

MANCENILLIER. L'influence prétendue maligne et mortelle de cet arbre, d'origine américaine, sur ceux qui auraient le malheur de se reposer et de s'endormir sous son ombrage, est encore du pur charlatanisme scientifique. Mais de l'innocuité de son ombre il ne faudrait pas induire celle de ses feuilles, de son fruit, de son écorce même, remplis d'un suc laiteux dans lequel les Indiens trempent leurs flèches, qu'ils envoient dès lors empoisonnées à leurs ennemis.

MELONS. Les melons ne donnent pas plus la fièvre que les fleurs de fèves ne rendent fou ; l'excès seul qu'on en fait comme de tout le reste donne la maladie et même la mort, et c'est non de fièvre mais d'indigestion de melon que sont morts quatre empereurs romains, le pape Paul II, et, il y a quelques années, le spirituel auteur dramatique Rougemont.

MIEL (Voyez **ABEILLES**).

MOTS. Par suite de la légèreté de ce caractère français qui ne le fait s'arrêter, comme les insectes d'un jour, qu'aux superficies et qu'aux apparences, on nous voit nous entêter sur les mots, nous appesantir sur la forme et tenir peu de compte des choses et du fond. J'en appelle à la bonne foi de tous ceux qui liront ce livre : la *République* est-elle aujourd'hui autre chose qu'un mot sur lequel, comme sur un os, se jettent et s'acharnent tous les partis ? Et donnât-on au peuple la chose même, l'essence, la chair, le sang et l'âme de la République, franchement en voudrait-il sans le nom ? C'est ainsi qu'on a entendu le peuple, il y a quelque trente ans, crier : « Plus de droits réunis ! » on a supprimé les droits réunis, mais on les a remplacés par l'exercice, et comme on lui avait immolé le mot il n'a plus rien dit ;—il s'est mis à crier aussi : « Plus de conscription ! » autre mot rayé, non la chose, toujours la même sous un autre nom, et il n'a plus rien dit. Nous sommes de si grands enfants que tout gouvernement qui saurait s'y prendre nous contenterait et se ferait bénir à bien peu de frais. Si j'étais ministre, je supprimerais tous les impôts qu'on me dirait de supprimer : l'impôt sur le boire, l'impôt sur le manger ; au mot *impôt* j'en substituerais un autre : en voilà pour dix ans ; on crierait alors après le mot nouveau, devenu vieux ; je le rayerais et j'en glisserais un autre au-dessous pour procurer encore à la chose une dizaine d'années de plus : et ainsi de suite. Le peuple n'y verrait que du feu : j'aurais les honneurs du pavois comme Pharamond, et si je mourais à propos je serais un demi-dieu.

N

NAINS (Voyez **GÉANTS**).

NOBLESSE. Un des plus grands préjugés qui se soient enracinés sans extirpation possible dans la cervelle de certains hommes, c'est la considération qu'ils attachent à la noblesse héréditaire, au descendant, quel qu'il soit, d'une glorieuse race, et souvent à la branche pourrie d'un tronc illustre, car, comme l'a dit si éloquemment Boileau :

.... Fussiez-vous issu d'Hercule en droite ligne,
Si vous ne faites voir qu'une bassesse indigne,
Ce long amas d'aïeux que vous diffamez tous
Sont autant de témoins qui parlent contre vous ;
Et tout ce grand éclat de leur gloire ternie
Ne sert plus que de jour à votre ignominie.

NOMBRES. Au nombre *trois*, saint et sacré parmi les chrétiens, ne s'est jamais attaché pour nous une fatalité funeste : il n'a été redoutable qu'aux païens seuls, qui ne pouvaient avoir devant les yeux trois flambeaux allumés sans songer aux trois Parques pour voir s'ouvrir les deux branches des terribles ciseaux d'Atropos, sans entendre les sifflements des couleuvres des trois Furies, et le formidable aboiement des trois gueules du chien Cerbère. Mais c'est à Judas que nous devons le maléfice du nombre *treize* : si l'on ne s'était pas trouvé treize à table pour solenniser la sainte Pâque, Jésus Christ n'eût pas été trahi et vendu, et nous pourrions aujourd'hui nous y asseoir, nous treizième, sans redouter la malignité de ce nombre fatal et sans avoir peur de mourir dans l'année.

NOYÉS. Une erreur non moins funeste que toutes celles que nous avons déjà signalées, c'est de s'imaginer que les noyés ont péri par la trop grande quantité d'eau qu'ils ont avalée, et, dans cette persuasion, en province et dans les campagnes, lorsque ce n'est pas l'autorité qui s'en mêle, vite, au sortir de l'eau, on les suspend la tête en bas, et pour peu que la vie ne soit pas éteinte elle ne manque pas de s'exhaler à l'aide de ce moyen. Personne ne devrait pourtant plus ignorer aujourd'hui que les noyés ne périssent que par asphyxie, que souvent ils n'ont pas bu une seule goutte d'eau, car tous les organes doivent instinctivement se contracter pour la repousser, et que le manque de respiration seul produit l'évanouissement, suivi bientôt de la mort !

O

OEUFS. La crédulité est si bien entée sur le merveilleux dans l'esprit du vulgaire, qu'on va jusqu'à renverser le plus facilement du monde les lois mêmes de la nature : que penser en effet de ceux qui croient à l'existence des œufs de coq et que de ces œufs doivent éclore des serpents ! Ces tout petits œufs si venimeux et si terribles que l'on rencontre souvent parmi les œufs ordinaires sont tout uniment le fruit précoce de jeunes poules dont la fécondité est plus hâtive. — Si vous voulez éviter les plus grands malheurs, après avoir mangé un œuf à la coque ne manquez pas d'en briser la coquille ! oui, de grands malheurs, madame, et le plus grand de tous, celui de faire tacher votre robe par le domestique ou par la servante, qui ne manquerait pas de la faire rouler sur vous en desservant votre assiette !

P

PANACÉES (Voyez TALISMANS).

PAPESSE JEANNE (Voyez PUFFS).

PATAGONS (Voyez GÉANTS).

PEINTURE (sur verre). On n'ôtera pas de la tête d'une multitude de personnes, même fort instruites, que l'art de la peinture sur verre est perdu depuis longtemps, tandis qu'en réalité il n'a jamais cessé d'être connu, pratiqué, perfectionné et illustré, en Angleterre surtout et en France, ce que témoignent du reste les superbes vitraux des églises d'Oxford, de Saint-Germain-l'Auxerrois, de la Sainte-Chapelle, etc, etc.

PENDU (Corde de) (Voyez **CORDE**).

PHÉNIX. Comment voulez-vous qu'Aristote, Pline et tant d'autres n'eussent pas retenu au frottement de leur siècle quelque parcelle de sa naïve et crédule superstition, lorsqu'on voit le génie lui-même, Tacite, l'austère historien, le profond, le puissant Tacite, admettre l'existence du Phénix, non plus comme un symbole, comme un mythe, mais comme une vérité incontestable : vérité, sa patrie (l'Egypte); ses mœurs minutieusement observées, vérité; les détails de sa mort, les circonstances de sa merveilleuse résurrection, vérité, trois fois vérité! et si bien vérité, que pris en Egypte et amené à Rome, il y fut montré en public, comme un veau marin moderne ou comme une puce travailleuse, et que de cette exhibition et des faits et gestes dudit Phénix acte ayant été dressé, il fut consigné dans les archives impériales : il est vrai que le tout fut fait par ordre de l'empereur Claude.

PHILTRES. On a donné ce nom à un breuvage que l'on croyait et que quelques-uns croient encore propre à se faire aimer : il n'y a que deux classes de gens qui puissent adopter les philtres, les dupes et les charlatans. — La mort de Lucullus fut attribuée par quelques historiens au poison que lui aurait fait boire un de ses affranchis nommé Callisthène, qui croyait ne lui donner qu'un philtre pour s'emparer de son esprit et de sa confiance. D'autres l'attribuent, comme la mort de Marius et de Sylla, à des excès de plaisir et de débauche.

PHYSIONOMIES. Établir des jugements généraux, absolus sur le caractère des individus d'après les linéaments du visage, la conformation de la tête et du nez, la couleur de la chevelure et des yeux, est un préjugé d'autant plus difficile à déraciner aujourd'hui qu'il s'est propagé avec toute l'autorité du grand nom de Lavater, et qu'il a eu pour sève, il faut bien le dire, l'effluve électrique du succès. Mais que de mécomptes ce succès même préparait à ceux qui ont cru ce merveilleux système édifié granitiquement sur des généralités, tandis qu'en réalité il tremble sur la base sablonneuse et fuyante des exceptions! Au type énergique, grandiose de Goëthe, de Cuvier, je vous opposerai le masque idiot et hébété de Rousseau et de La Fontaine; aux nez de Lamartine et de Châteaubriand, ceux de Socrate et de Boerhaave.

Louis XIV avait le nez aquilin, mais Artaxerxès aussi. La beauté est loin d'être exclusivement la compagne du génie; Mirabeau et Danton étaient des types sublimes de laideur. Non! tous ceux qui ont les cheveux roux ne sont pas des Typhon, des Nabuchodonosor et des Iscariote, pas plus que tous ceux qui ont de beaux cheveux frisés et bouclés ne sont des Achille, des Ajax et des Murat. Napoléon lui-même avait les cheveux plats de la poltronnerie et de la pusillanimité. On peut avoir une tête monstrueuse et ne pas être un Vitellius, avoir le teint blafard et livide et ne pas être un Caligula et un Attila, avoir même les veines vertes et ne pas être un Robespierre.

PIERRE PHILOSOPHALE. La pierre philosophale est le plus éclatant préjugé populaire du quatorzième siècle. Toutes les fortunes illustres en étaient le nécessaire produit : celle de Job lui-même gisait au fond des creusets de l'alchimie. Nicolas Flamel et Paracelse furent initiés à ses plus profonds mystères. Pic de la Mirandole croyait si bien à la transmutation des métaux, et surtout à la puissante vertu du mercure comme cause efficiente de l'argent, qu'il étudia sérieusement le moyen d'en coaguler toutes les parcelles fugitives. Le nombre des adeptes de cette folle science se multiplia dans le moyen âge au point que le travail du grand œuvre devint une véritable épidémie, et que la plus effroyable misère s'abattit sur ces fiévreux et infatigables chercheurs d'or. Richelieu lui-même se prêta complaisamment, dit-on, mais sans doute avec une arrière-pensée politique, à de pareilles expériences, auxquelles son génie lui défendait d'ajouter foi. Voltaire dit avoir connu un certain marquis de Conventiglio qui eut l'adresse, en faisant quelques louis d'or en présence de grands seigneurs, de leur en soutirer plusieurs centaines. « Il n'y a, dit Fontenelle, que l'extrême avidité que nous avons pour les richesses qui puisse nous persuader qu'un homme qui prétend avoir le secret de faire de l'or soit réduit à tirer de l'argent d'un autre pour lui faire part d'un aussi beau secret. Quel besoin d'argent peut avoir cet heureux mortel? Cependant c'est un panneau dans lequel on donne tous les jours par la séduction de ces sortes de charlatans qu'un langage mystérieux, une conduite fanatique, des promesses exorbitantes devraient rendre fort suspects et ne font que rendre plus importants. Sans vouloir décider que l'art de faire de l'or est impossible, on peut soutenir au moins qu'une extrême difficulté, prouvée par l'expérience, doit être traitée comme une impossibilité, sinon dans les théories, au moins dans la pratique. Mais supposer que par le moyen d'un soufre d'or, bien séparé des autres principes, on vînt à bout, en l'appliquant à de l'argent, de convertir celui-ci en une masse d'or du même poids et du même volume, qu'y gagnerait-on, si ce n'est une expérience fort curieuse, pour laquelle certainement on aurait fait des frais ? » Voici comment un auteur moderne raconte l'aventure suivante, arrivée au commencement du XVIIIe siècle à une princesse d'Allemagne : « La duchesse jouissait d'une grande réputation de bonté et d'humanité, qu'elle méritait en effet. Un jeune soldat blessé se présente à la porte du palais, où il est accueilli par une généreuse hospitalité. Sa guérison opérée, le jeune soldat voulut, avant de partir, laisser à la princesse un témoignage de sa reconnaissance. Il possédait trois chalumeaux avec lesquels il changeait, sans difficulté, le mercure en argent ; il ne s'agissait que de mettre la matière dans le creuset et de souffler dessus. Les trois chalumeaux se conduisirent comme on avait le droit de l'attendre d'eux ; mais le pauvre soldat n'avait plus rien, ce dont il se mit peu en peine, car il savait où trouver une grande quantité de ces chalumeaux : c'était dans une abbaye de Wurtzbourg qu'il avait pillée. Toutefois son désintéressement était si grand qu'il en fit la confidence à la princesse ; celle-ci, pour ne point demeurer en reste de générosité, combla son hôte de riches présents au moment de son départ. La princesse ne manqua pas d'informer l'évêque de Wurtzbourg du trésor caché dans une abbaye de son obédience, mais toutes les recherches furent vaines ; on ne put découvrir ni les chalumeaux ni même le couvent indiqué par le jeune soldat. » La princesse allemande était une nouvelle victime de la transmutation des métaux et de la pierre philosophale.

PIES. Il n'y a que des pies voleuses qui aient pu persuader à des pies bavardes que la rencontre fortuite de deux pies était d'un heureux présage, tandis que celle d'une pie unique serait d'un funeste augure.

PLUIES. Quoique les navigateurs et les astronomes aient reconnu, par de nombreuses observations et des expériences répétées, que les changements dans l'appareil atmosphérique avaient lieu à certaines époques de l'année plutôt qu'à d'autres, c'est-à-dire aux solstices et aux équinoxes, il n'en est pas moins vrai qu'il est impossible d'établir des calculs précis sur ce qu'ils n'ont donné après tout eux-mêmes que comme des probabilités : cela est si vrai que mille exemples viennent démentir l'opinion que lorsqu'il pleut à la Saint-Médard ou à la Saint-Gervais *il pleut quarante jours après*. — Les prétendues pluies de *soufre*, de *sang* et autres ne sont que de l'eau chargée d'ocre rouge ou jaune, s'élevant dans les nuages avec l'évaporation de mares bourbeuses, et qui retombent avec la pluie. — Quant aux pluies de pierres, elles ne sont plus aujourd'hui des préjugés ni des rêves : les observations météorologiques les ont surabondamment expliquées. (Voyez le mot *Aérolithes* dans notre dictionnaire des *Merveilles de la nature*, BIBLIOTHÈQUE POUR TOUT LE MONDE) ; mais les pluies de crapauds, c'est tout différent : la pluie les fait, à la vérité, sortir en multitude de leurs retraites, mais persuadez-vous bien qu'il n'en pleut pas.

PLOMB. Une croyance généralement répandue, c'est que le plomb est le plus lourd des métaux. Loin de là, le plomb n'arrive qu'en septième ordre sous le rapport de la densité : le platine, l'or, le mercure, entre autres, pèsent beaucoup plus que lui.

POLICE. Sans que nous ayons le courage de blâmer le préjugé qui repousse et flétrit des fonctions qui pourtant conservent et sauvegardent la société, fonctions du reste qu'au bas de l'échelle bien peu d'honnêtes gens consentiraient à remplir, nous nous élèverons néanmoins contre celui qui enveloppe dans la même proscription et les magistrats préposés à la police du royaume ou de la république et le chef lui-même de cette police, lieutenant, préfet ou ministre. On est obligé de désabuser chaque jour, à Paris même, une infinité de gens qui ont cru jusqu'ici que les fonctions de commissaires et même de préfet de police n'étaient et ne pouvaient être remplies que par des hommes tarés, et qui ne faisaient pas de différence entre les nobles noms des de Belleyme et des Delessert, et les noms hideux dont je ne souillerai pas ce livre.

POLITESSE. Dieu nous garde de dire que la politesse est un préjugé ; nous ne regardons comme tel que certaines formules, comme celle de tenir son chapeau à la main en parlant aux dames, qu'il pleuve ou qu'il fasse beau, que vous soyez chauve ou chevelu, Samson ou Eschyle ;—celle du respect imposé aux hommes dans les églises humides et glaciales en les forçant à se découvrir, respect dont les femmes sont affranchies ;—celle des honneurs du pas et de la préséance : — faites plutôt comme le cocher de M. de Clermont-

Tonnerre; dites: Je suis le tonnerre! et passez;—celle de ces amphitryons gais et gros qui vous disent toujours:

Qu'avez-vous donc, monsieur, que vous ne mangez point?

qui empilent les mets sur vos assiettes comme des buissons d'écrevisses, et qui ne sont satisfaits que lorsqu'ils vous ont renvoyé de table avec une bonne indigestion dans le ventre, afin sans doute que vous n'y reveniez plus;—celle des six révérences si ridicules d'entrée et de sortie des salons; et tant d'autres que les Anglais eux, du moins, résument en une seule, la bonne, franche, cordiale et polie poignée de main! Imitons-les donc.

PRÉDICTIONS. Depuis le temps des prophètes, on a fait un tel abus des prédictions, qu'il n'est pas jusqu'au plus petit génie, jusqu'au plus petit grand homme qui ne se soit cru le droit de disposer de l'avenir et de la postérité. Et ce n'était pas seulement le grand-maître des Templiers citant devant Dieu, avant l'année révolue, Philippe-le-Bel et Clément V, et n'obtenant que la moitié de sa prédiction; ce ne sont pas seulement les frères Carvajal, ajournant à trente jours Ferdinand IV, roi de Castille, leur bourreau, qui à l'époque prédite mourut épouvanté; ou l'évêque de Sénez s'écriant en chaire, quarante jours avant la mort de Louis XV: « Encore quarante jours et Ninive sera détruite!» ou le père Beauregard prédisant le règne et le culte de la Raison; ou Cazotte déroulant fatidiquement à chacun des convives illustres avec lesquels il dînait, quelques années avant la révolution française, l'avenir sanglant qui les attendait; — c'est encore le *servum pecus* des Nostradamus et des Mathieu Laensberg annuels, s'évertuant, après l'accomplissement des faits, à ravauder des prédictions rétrospectives pour les besoins de la Révolution, de l'Empire, de la Restauration: ils en ont épuisé tellement toutes les formules, embarrassé l'avenir et surchargé la postérité, qu'ils n'ont pas laissé le plus petit espace libre, où placer une prophétie neuve, au génie des Châteaubriand, des Napoléon et des Lamartine. (Voyez *Chiromancie.*)

PRÉSAGES (Voyez **ERREURS**).

PRESSENTIMENTS. Conclure de ce que quelques-uns se sont

vérifiés qu'on doit ajouter une aveugle foi à tous les pressentiments, c'est encore un préjugé contre lequel il faut bien se tenir en garde sous peine de se faire une existence semée d'inquiétudes et de terreurs, comme les dernières années de Henri IV, dont Bassompierre, Lestoile et Sully ont rendu authentiques les sombres pressentiments de mort prochaine.

PRÉVENTIONS. N'est-ce pas un préjugé plus déplorable que bien d'autres, au mieux des intérêts de nos voisins les Anglais et au grand dam des nôtres, que celui des préventions avec lesquelles nous accueillons toutes les inventions nouvelles! tel fut le sort de la levure de bière, de l'émétique, du quinquina, de l'inoculation, de la vaccine même, qui pour avoir été plus rapidement accueillie que beaucoup d'autres découvertes, ne trouve pas moins aujourd'hui un trop grand nombre encore d'esprits stupidement rebelles à la conviction de ses étonnants bienfaits. Que dire encore de ces sottes préventions qui ne voient de chefs-d'œuvre que dans l'antiquité, qui ne trouvent rien de bon et de bien que ce qui est exotique, et qui ne rendent qu'aux auteurs morts les légitimes honneurs dus au génie! Il faut les couvrir de la triple confusion dont Michel-Ange, Méhul et Téniers couvrirent, sans les corriger, leurs contemporains: le premier, en composant une statue de l'Amour, à laquelle il cassa un bras qu'il fit enfouir dans un lieu où le pape faisait exécuter des fouilles pour en exhumer des antiques, bras à la confection parfaite duquel Rome entière reconnut le ciseau de Phidias et de Praxitèle; le second en faisant exécuter son *Irato* comme *pasticcio*, ou comme œuvre italienne, aux trépignements et aux transports d'enthousiasme de tous les dilettanti, qui seraient restés froids s'ils avaient su avant la représentation que le chef-d'œuvre était tout bonnement de Méhul; et Téniers, enfin, en se faisant enterrer ostensiblement avec grand deuil et force lamentations de sa femme, et ressuscitant bientôt, après avoir vu monter à un prix fou les tableaux de son atelier, dont on ne voulait de son vivant qu'à vil prix.

Voici de Paul-Louis Courier une charmante anecdote (en forme de lettre à une de ses cousines) qui met le doigt sur la plaie d'une des mille préventions dont la faiblesse de notre esprit est généralement affligée:

« Un jour je voyageais en Calabre. C'est un pays de méchantes gens, qui, je crois, n'aiment personne, et en veulent surtout aux Français. De vous dire pourquoi, cela serait long : suffit qu'ils nous haïssent à mort, et qu'on passe fort mal son temps lorsqu'on tombe entre leurs mains. J'avais pour compagnon un jeune homme d'une figure...... ma foi, comme ce monsieur que nous vîmes au Raincy; vous en souvenez-vous? et mieux encore peut-être. Dans ces montagnes, les chemins sont des précipices; nos chevaux marchaient avec beaucoup de peine; mon camarade allait devant : un sentier qui lui parut plus praticable et plus court nous égara. Ce fut ma faute; devais-je me fier à une tête de vingt ans? Nous cherchâmes tant qu'il fit jour notre chemin à travers ces bois; mais plus nous cherchions, plus nous nous perdions, et il était nuit noire quand nous arrivâmes près d'une maison fort noire. Nous y entrâmes non sans soupçon; mais comment faire? Là nous trouvons toute une famille de charbonniers à table, où du premier mot on nous invita. Mon jeune homme ne se fit pas prier. Nous voilà mangeant et buvant, lui du moins, car pour moi j'examinais le lieu, et la mine de nos hôtes. Nos hôtes avaient bien des mines de charbonniers; mais la maison, vous l'eussiez prise pour un arsenal : ce n'étaient que fusils, pistolets, sabres, couteaux et coutelas. — Tout me déplut et je vis bien que je déplaisais aussi. Mon camarade, au contraire, était de la famille, il riait, il causait avec eux, et par une imprudence que j'aurais dû prévoir (mais quoi! s'il était écrit......), il dit d'abord d'où nous venions, où nous allions, que nous étions Français... imaginez un peu! chez nos plus mortels ennemis, seuls, égarés, si loin de tout secours humain! Et puis, pour ne rien omettre de ce qui pouvait nous perdre, il fit le riche, promit à ces gens pour la dépense, et pour nos guides le lendemain, ce qu'ils voulurent. Enfin il parla de sa valise, priant fort qu'on en eût grand soin, qu'on la mit au chevet de son lit; il ne voulait point, disait-il, d'autre traversin. Ah! jeunesse! jeunesse! que votre âge est à plaindre! — Le souper fini, on nous laisse; nos hôtes couchaient en bas, nous dans la chambre haute où nous avions mangé. Une soupente élevée de sept ou huit pieds, où l'on montait par une échelle, c'était là le coucher qui nous attendait, espèce de nid dans lequel on s'introduisait en rampant sous des solives chargées de provisions pour toute l'année. Mon camarade y grimpa seul, et se coucha tout endormi, la tête sur la précieuse valise; moi, déterminé à veiller, je fis bon feu et m'assis auprès. La nuit s'était déjà passée presque entière assez tranquillement et je commençais à me rassurer, quand sur l'heure où il me semblait que le jour ne pouvait être loin, j'entendis au-dessous de moi notre hôte et sa femme parler et se disputer; et prêtant l'oreille par la cheminée, qui communiquait avec celle d'en bas, je distinguai ces propres mots du mari : *Eh bien, enfin, voyons, faut-il les tuer tous deux ?* — A quoi la femme répondit : *Oui.* — Et je n'entendis plus rien. Que vous dirai-je ? Je restai respirant à peine, tout mon corps froid comme un marbre; à me voir vous n'eussiez su si j'étais mort ou vivant. Dieu ! quand j'y pense encore !..... Nous deux presque sans armes, contre eux douze ou quinze, qui en avaient tant ! Et mon camarade mort de sommeil et de fatigue ! L'appeler, faire du bruit, je n'osais; m'échapper tout seul, je ne pouvais : la fenêtre n'était guère haute, mais en bas deux gros dogues hurlant comme des loups..... En quelle peine je me trouvais, imaginez-le si vous pouvez. Au bout d'un quart d'heure, qui fut long, j'entendis sur l'escalier quelqu'un, et, par la fente de la porte, je vis le père, sa lampe dans une main, dans l'autre un de ses grands couteaux. Il montait, sa femme après lui, moi derrière la porte : il ouvrit, mais avant d'entrer il posa la lampe, que sa femme vint prendre, puis il entra pieds nus; et elle dehors lui disait à voix basse, masquant avec ses doigts le trop de lumière de la lampe : *Doucement, va doucement !* Quand il fut à l'échelle, il monte, son couteau dans les dents, et, venu à la hauteur du lit, ce pauvre jeune homme étendu, offrant sa gorge découverte, d'une main prend son couteau, et de l'autre....... Ah ! cousine..... il saisit un jambon qui pendait au plancher, en coupe une tranche, et se retire comme il était venu. La porte se referme, la lampe s'en va, et je reste seul à mes réflexions. Dès que le jour parut, toute la famille à grand bruit vint nous éveiller, comme nous l'avions recommandé. On apporte à manger, on sert un déjeuner fort propre, fort bon, je vous assure : deux chapons en faisaient partie, dont il fallait, dit notre hôtesse, emporter l'un et manger l'autre. En les voyant, je compris enfin le sens de ces terribles mots : *Faut-il les tuer tous deux ?* et je vous crois, cousine, assez de pénétration pour deviner à présent ce que cela signifiait. »

PRONOSTICS. Les fêtes du mariage de Louis XVI et de Marie-Antoinette sont assombries par d'épouvantables malheurs ; la place

Louis XV est jonchée de cadavres : quelques années après, le malheureux roi, la reine infortunée, descendus de leur trône bientôt en débris, portent leur tête sur l'échafaud.—Napoléon répudie sa première femme, talisman vivant auquel la croyance populaire rattachait la fortune de l'Empereur, et déjà son mariage avec une archiduchesse est fatalement célébré aux lueurs de l'incendie de la salle de bal : quelques années après, le colosse tombe foudroyé et va mourir dans l'exil. — Le duc de Berry est assassiné à sa sortie de l'Opéra par le poignard de Louvel : quelques années après, la dynastie des Bourbons est déchue, et Charles X va mourir dans l'exil. — Le duc d'Orléans, prince populaire, succombe à une de ces catastrophes terribles, prévues seulement dans les décrets éternels : quelques années après, la dynastie d'Orléans tombe déchue à son tour, et Louis-Philippe va mourir dans l'exil. — De l'identité corrélative de tous ces faits accomplis que faut-il conclure pour l'avenir? rien, car les plus dangereux préjugés en seraient l'inévitable suite ; l'avenir est impénétrable, l'avenir n'est qu'à Dieu.

PROTUBERANCES (Voyez PHYSIONOMIES).

PUFFS. Parmi les contes, les bourdes et les puffs que les auteurs ont jetés en pâture à la voracité publique il faut reléguer celui de l'existence des *Amazones*, qui, selon Hippocrate, se faisaient brûler la mamelle droite avec une lame d'airain rougie au feu, pour donner à leur bras droit plus de souplesse et de vigueur, et dont la reine, Panthasilée, fille de Mars, fut tuée peu galamment par Achille ; — de l'existence des *Gorgones*, leurs rivales dans les combats, qui étaient, selon Eschyle, admirablement douées d'un œil unique, mais quel œil ! d'une seule dent, mais quelle dent ! — celui du *Juif-Errant*, renouvelé des Grecs par Mathieu Pâris, de ce juif nommé Cartophilax, qui était concierge du prétoire où Jésus-Christ fut amené, qui fut contemporain des apôtres et de la sainte Vierge, et qui, après avoir refusé un verre d'eau au Sauveur des hommes, fut forcé de vagabonder, sans repos et sans fin, à travers le monde, avec cinq sous, inépuisables dans son gousset ; — celui de la *Papesse Jeanne*, scandaleuse histoire propagée en haine de la papauté par quelque irascible gibelin, et qu'a démentie lui-même l'anti-prêtre et l'anti-pape Voltaire ; — viennent ensuite la prétendue existence d'hermaphrodites ou d'androgynes, tous empruntés à l'ingénieux symbole de Platon, y compris le chevalier ou la chevalière d'Eon lui-même ou elle-même; — les enfantements monstrueux dont le prototype est le minotaure; — les femmes qui accouchent de chiens, de lapins, de serpents, de chat noirs, brûlés par le Saint-Office, d'éléphants même (toujours Pline!). Voyez *Erreurs* et *Charlatans*.

R

RECETTES (Voyez **TALISMANS**).

REVENANTS, SPECTRES et FANTOMES. Comme nous l'avons dit à l'article *Démons*, et comme on le lira au mot *Sorciers*, la plupart des choses incroyables racontées par les poëtes, les historiens et les évangélisateurs mêmes, sont des symboles, des images adaptés aux proportions de l'intelligence des peuples leurs contemporains. Pausanias ressuscitant après quatre siècles les soldats de Marathon et animant du hennissement des chevaux et des cris des combattants la bataille renouvelée, pour rendre un peu de cet héroïsme antique aux Athéniens dégénérés; — Platon faisant voltiger les âmes des morts sous la forme d'ombres, et révélant ainsi l'immortalité de l'une de nos deux natures; — les évocations, les résurrections, les miracles de saint Spiridion, de Saint-Martin, et de tant d'autres après Jésus-Christ leur maître et les apôtres, pour arrêter le débordement des mœurs, sont des fictions trop sublimes par la pensée et par le but pour qu'elles ne méritent pas l'admiration de la postérité. Mais de la haute moralité pour laquelle ont été inventées ces fables sublimes, à ces contes ridicules et grossiers qui les parodient, il y a un abîme. De bonne foi, quelle leçon peut tirer le peuple de la résurrection d'un pape Benoît IX revenant avec une queue de chat, une tête d'âne et un corps d'ours? — Les revenants, les spectres et les fantômes, quand ils ne sont pas enfantés par notre imagination, par la fatigue de notre cerveau, par le délire et les hallucinations de la fièvre, sont des effets de ventriloquie, de fantasmagorie, de physique enfin, mis au service de la spéculation ou exploités par l'escroquerie.

RÊVES. Nous avons dit au mot *Lune* que le divin Hippocrate croyait à l'influence de cet astre en particulier; il croyait à celle des rêves en général, et il a eu soin de donner dans ses ouvrages des prescriptions qui pussent mettre à l'abri de leur malignité. L'autorité de ce grand-maître, celles de Pharaon et de Joseph, celles de Cicéron, de Valère-Maxime, de saint Clément d'Alexandrie, celles même de Moreau et de Mlle Lenormand, ne sont pas encore assez puissantes pour nous incorporer la foi dans les rêves : la suppression de la loterie les a du reste déshérités de leur couronne de nuages : on ne peut plus rêver de bons numéros, puisqu'il n'y a plus de numéros; mais en revanche on peut toujours rêver de chien et de chat et néanmoins être heureux toute sa vie; et j'ai connu un pauvre et radieux poëte qui le jour ne rêvait que fleurs, qui la nuit y songeait encore, et qui a fini par mourir de faim sur un grabat d'hôpital.

ROSÉE. Parmi toutes les erreurs qui, dans l'Ecriture, à travers l'œuvre divine trahissent la faiblesse et l'infirmité humaine, il faut distinguer celle qui fait descendre la rosée du ciel : des poëtes modernes s'en sont faits les mélodieux échos (*Rorate cœli desuper*). Mais Muschembroeck, Dufay, l'abbé Nollet et Réaumur, qui étaient peut-être de fort mauvais poëtes, mais d'excellents physiciens, ont rendu cette fausseté évidente par une foule d'expériences qui leur firent reconnaître que la rosée ne descend pas du ciel mais qu'elle monte de la terre pour en imbiber chaque jour les plantes, les résines, le verre, le cristal, et qu'elle reste sans influence sur l'argent et l'or, sur les métaux et les marbres polis.

S

SAFRAN. Les marins pensent qu'un sachet de safran porté sur l'estomac préserve du mal de mer.

SALAMANDRE. Aristote, que l'on rencontre souvent, Pline, que l'on est sûr de rencontrer toujours sur la route des prodiges et des impossibilités, font naître et vivre la salamandre au milieu des flammes. Ambroise Paré lui-même la croit incombustible. Ce qui a donné lieu à ce préjugé, monté aux proportions du merveilleux microscopique, c'est que ce petit animal, mi-parti lézard, mi-parti grenouille, répand sur les charbons ardents une humeur visqueuse qui en éteint quelques-uns autour de lui, ce qui ne l'empêche pas de griller bel et bien sur les autres, d'après les expériences de Maupertuis et de plusieurs expérimentateurs, répétées jusqu'à l'infini.

SANG. Celui de saint Janvier qui reparaît et entre à point nommé en liquéfaction le jour même de la fête du saint, aux yeux des

Napolitains émerveillés encore aujourd'hui de cette supercherie annuelle, a donné lieu à l'anecdote suivante, qui aurait dû nécessairement désabuser des esprits moins superstitieux que les Italiens : Pendant l'année d'occupation du général Championnet à Naples, le sang de saint Janvier, pour la première fois, ne coula pas le jour de l'anniversaire. Le général envoya dire aux ordonnateurs de la fête que si dans dix minutes le sang du saint n'avait pas coulé comme de coutume, ce serait le leur qui coulerait.... Avant dix minutes le sang avait reparu.

SANGSUES. N'est-il pas généralement et parfaitement bien établi que les sangsues ont le goût bizarre de préférer notre mauvais sang à celui plus pur qui court dans nos veines ? C'est faire beaucoup trop d'honneur aux instincts humains du hideux insecte. N'a-t-on pas fait aussi des sangsues, comme des rainettes, des baromètres vivants, élevant, légères et vives, leur tête au-dessus de l'eau pour aspirer l'air pur d'un beau ciel, ou refrognées et rampantes au fond du vase aux approches des jours d'orage ? préjugé nouveau détruit *à posteriori* par les expérimentations du docteur Vitet :

« Renfermez, dit-il, un grand nombre de sangsues dans des bocaux d'égale grandeur, contenant la même eau et exposés ensemble à l'air libre. On ne voit jamais à la même heure, quelque temps qu'il fasse, les sangsues suivre une marche semblable et relative à l'état de l'atmosphère. Dans un des bocaux elles s'agitent à la surface, au milieu, au fond de l'eau ; tandis que dans un autre elles restent hors de l'eau attachées au couvercle, ou tranquilles au fond du vase ; souvent dans le même bocal, on les voit hors de l'eau, à la surface, au milieu, au fond : les unes calmes, les autres agitées ; celles-ci adhérentes, celles-là entassées, d'autres éparses ; quelques-unes fixées par la partie postérieure aux parois du bocal, se balançant le reste du corps par des mouvements presque réguliers. »

Châteaubriand raconte, dans ses *Mémoires d'Outre-Tombe*, qu'une fois M. Broussais, son condisciple au collége de Dinan, fut mordu au bain par d'*ingrates sangsues imprévoyantes de l'avenir....*

SIBYLLES (Voyez **CHIROMANCIE** et **PRÉDICTIONS**).

SIRÈNES (Voyez **ERREURS**).

SOMNAMBULISME (Voyez **MAGNÉTISME** et **VUE**).

SORCIERS et DEVINS. Nous avons vu au mot *Astres* que les plus grands génies ne pouvaient souvent se soustraire aux déplorables superstitions de leur siècle. Et sans parler de la crédulité d'Hérodote et surtout de celle de Pline, si admirablement naïve, on ne sait si l'on veille en lisant dans saint Augustin la sérieuse métamorphose en mulet du prêtre Præstantius par une de ces prétendues Circé d'Italie dont le siècle du grand évêque fut inondé. Evidemment d'aussi nobles esprits n'ont pu croire à de pareilles absurdités; mais, cédant aux croyances populaires qu'ils se voyaient impuissants à extirper, ils s'armaient, au profit de la morale et de la vertu, d'images et d'exemples familiers aux esprits grossiers, et, loin de la détruire, enracinaient plus avant l'erreur, de toute l'autorité de leur nom. Si l'orage a renversé les moissons, si la grêle a ravagé les vignes, si la clavelée a décimé les moutons, et la coqueluche les enfants, les bergers de la Brie qui alimentèrent tous les bûchers du moyen âge ne sont pas plus coupables de ces maléfices que l'infortuné Urbain Grandier ne l'était de l'ensorcellement des religieuses de Loudun. D'autres considérations, pour l'honneur de l'esprit humain, mais pour la honte de son cœur, présidèrent à ces horribles exécutions : car le plus simple bon sens devait crier aux juges comme aux bourreaux que les sorciers qui se laissaient brûler n'étaient pas sorciers. — Ceux d'aujourd'hui ne le sont pas davantage que ceux du moyen âge. Le bonnet pointu, les herbes, le pathos et autres ingrédients des magiciens modernes, n'ajoutent rien à la nullité de leur science. Que les pauvres mères de nos campagnes, et malheureusement quelques-unes aussi de nos villes, se persuadent bien que la puissance des charlatans nomades n'a pas plus d'influence au moment de la conscription sur le sort de leur fils, que celle de Simon le magicien n'en a eu sur son propre chien pour le faire parler devant saint Pierre.

Voici une piquante anecdote de Saint-Simon, qui explique fort naturellement ce qui avait pour la victime toutes les apparences d'un sortilége bien conditionné.

« Charnecé avait une très-longue avenue devant sa maison en Anjou; dans cette avenue, belle et parfaite, était plantée une maison de paysan, et son petit jardin qui s'y était trouvé lorsqu'elle fut bâtie. Jamais Charnecé et son père n'avaient pu résoudre ce paysan à la leur vendre, quelque avantage qu'ils lui en eussent offert.... Charnecé, ne sachant plus qu'y faire, avait laissé cela depuis longtemps, sans en plus parler; mais enfin, fatigué de cette chaumière qui lui bouchait la vue et lui ôtait tout l'agrément de son avenue, il imagina un tour de passe-passe. Le paysan qui y demeurait, et à qui elle appartenait, était tailleur de son métier, quand il trouvait à l'exercer; et il était tout seul chez lui sans femme et enfants. Charnecé l'envoie chercher, lui dit qu'il est demandé à Paris pour un emploi de conséquence, qu'il est pressé de s'y rendre, mais qu'il lui faut une livrée. Ils font un marché au comptant; mais Charnecé stipule qu'il ne veut point se fier à ses délais, et que, moyennant quelque chose de plus, il ne veut pas qu'il sorte de chez lui que sa livrée ne soit faite, et qu'il le couchera, le nourrira et le paiera avant de le renvoyer. Le tailleur s'y accorde et se met à travailler. Pendant qu'il était occupé, Charnecé fait prendre avec la dernière exactitude le plan et la dimension de sa maison et de son jardin, des pièces intérieures, jusqu'à la position des ustensiles et des petits meubles, fait démonter la maison et emporter tout ce qui y était, remonte la maison telle qu'elle était au juste, dedans et dehors, à quatre portées de mousquet, à côté de son avenue; replace tous les meubles et ustensiles dans la même position en laquelle on les avait trouvés, et rétablit le petit jardin de même; en même temps fait aplanir et nettoyer l'endroit de l'avenue où elle était, en sorte qu'il n'y parût pas : tout cela fut exécuté encore plus tôt que la livrée faite; et cependant le tailleur, doucement gardé à vue, de peur de quelque indiscrétion. Enfin, la besogne achevée de part et d'autre, Charnecé amuse son homme jusqu'à la nuit bien noire, le paie et le renvoie content. Le voilà qui enfile l'avenue; bientôt il la trouve longue; après il va aux arbres, et n'en trouve plus; il s'aperçoit qu'il a passé le bout et revient à l'instant chercher les arbres; il les suit à l'estimée, puis croise et ne trouve point sa maison : il ne comprend point cette aventure; la nuit se passe dans cet exercice; le jour arrive, et devient bientôt assez clair pour aviser sa maison : il se frotte les yeux; il cherche d'autres objets pour découvrir si c'est la faute de sa vue; enfin, il croit que le diable s'en mêle et qu'il a emporté sa maison. A force d'aller et de venir, et de porter sa vue de tous côtés, il aperçoit à une assez grande distance de l'avenue une maison qui ressemble à la sienne; il ne peut croire que cela soit, mais la curiosité le fait aller où elle est et où il n'a jamais vu de maison : plus il approche, plus il reconnaît que c'est la sienne; pour s'assurer mieux de ce qui lui tourne la tête, il présente sa clef, il ouvre, il entre : il retrouve tout ce qu'il y avait laissé et précisément dans la même place : il est prêt à en pâmer et est convaincu que c'est un tour de sorcier. La journée ne fut pas bien avant, que la risée du château et du village l'instruit de la vérité du sortilége et le met en furie ; il veut plaider, il veut demander justice à l'intendant, et partout on s'en moque. Le roi le sut, qui en rit aussi : et Charnecé eut son avenue libre. S'il n'avait jamais fait pis, il aurait conservé sa réputation et sa liberté. »

SPÉCIFIQUES (Voyez **TALISMANS**).

SPECTRES (Voyez **REVENANTS**).

STATUE DE MEMNON (Voyez **ERREURS**).

SUPERSTITIONS. Ne craignons pas de déraciner la superstition dans l'esprit du peuple en chassant les ombres qui lui dérobent les réalités; soulevons hardiment le voile qui recouvre les prétendus spectres. Semons, comme Daniel, le parvis du temple d'une poudre révélatrice du passage des prêtres de Baal ; préférons, comme le grand Annibal, l'avis d'un vieux général à celui d'un foie de mouton ; ou comme Scipion l'Africain, si nous tombons en abordant au rivage, prenons-en possession, et détruisons ainsi le charme fatal.

SYMPATHIES (Voyez **ANTIPATHIES**).

T.

TALISMANS, AMULETTES, RECETTES, SPÉCIFIQUES et **PANACÉES.** Depuis les temps les plus reculés jusqu'à nous, par suite de cette puissance attractive de l'inconnu et du merveilleux, tous les peuples ont eu un faible pour les amulettes, les spécifiques, les recettes et les talismans; et depuis les Egyptiens, dont les rois portèrent au cou le talisman inspirateur de l'esprit de justice; depuis Périclès que sauvegardait un talisman donné par les Athéniennes; depuis les Palladium des Grecs et des Romains; depuis les paroles préservatrices des chutes que César prononçait chaque fois qu'il montait en char, — jusqu'au Paris de Grégoire de Tours, que préservèrent longtemps des couleuvres, des rats et des incendies, un rat, un loir et un serpent d'airain; jusqu'aux recettes de Paracelse et du Grand-Albert contre la fièvre, au moyen d'une pellicule d'œuf, frais pondu, ou de l'eau bénite puisée le même dimanche dans trois églises ; contre la peur, en portant sur soi une épingle prise au linceul d'un cadavre ; contre les piqûres des puces, en répétant deux fois les syllabes mystérieuses : *Och! och!* ou contre la rage, en plantant dans une pomme ou un morceau de pain d'autres mots baroques, cabalistiques et abracadabrants,—jusqu'à nous enfin, jusqu'au bagues de fer toutes modernes du serrurier Georget, qu'hommes et femmes à l'envi ont portées contre la migraine : — à tous, aux plus grands esprits comme aux plus humbles, il faut une foi quelconque en un mystère, en une merveille. Ayons donc la foi, puisque c'est un besoin pour notre fragile humanité ; mais, pour Dieu ! que ce ne soit plus aux amulettes et aux médailles contre les armes à feu ou les brûlures ; aux huiles capilligènes et aux élixirs de longue vie... N'ayons plus enfin pour talismans contre les coups de la fortune et les misères inhérentes à notre pauvre nature que la patience de la philosophie, la résignation chrétienne, et que les deux fées aux illusions ravissantes : l'imagination et l'étude !

TAPIS. Encore une erreur bien commune, c'est de se figurer que les tapis, dits de Turquie, sont fabriqués en Turquie. Ils le sont uniquement en Perse, et c'est par la Turquie qu'ils nous arrivent. C'est ce qui a fait dire à La Fontaine, dans l'erreur à ce sujet comme tout le monde :

Sur un tapis de Turquie
Le couvert se trouva mis.

TARENTULE. Cette espèce d'araignée qui tire son nom de la ville de Tarente, capitale de la Pouille, et qui ferait autant de danseurs d'Opéra de ceux qu'elle pique (personne n'a connu de gens mordus ainsi que par tradition), la tarentule a le corps gros comme une noisette de moyenne grosseur. Les deux crochets dont sa tête est armée recèlent un venin d'une grande activité. Quand, au moyen de ses huit yeux, elle a vu et comme aspiré sa proie, elle court à elle sur ses huit pattes en agitant vivement deux grandes antennes. Les tarentules sont grises et couvertes de taches livides ou bleuâtres. —Baglivi prétend que l'homme piqué par une tarentule voit la partie blessée se gonfler, s'enflammer et s'entourer d'une auréole livide, jaunâtre ou noire. Quelques malades ont éprouvé un malaise général, des anxiétés, des angoisses, une tristesse profonde. Leur demande-t-on ce qu'ils éprouvent, ils mettent la main sur leur cœur. L'excès de la mélancolie devient tel chez eux quelquefois, qu'elle amène lamentablement leur mort.... Chez d'autres, l'imagination s'égare jusqu'à leur faire commettre des actes d'insigne folie, jusqu'à faire disparaître la pudeur des femmes, qui s'agiteraient alors comme des bacchantes : chez tous enfin la danse devient un besoin prédominant, et l'on ne peut les arracher à leur exaltation qu'en se prêtant à cette fantaisie délirante et en cadençant avec de la musique ces soubresauts de convulsionnaires. — Baglivi, le savant Baglivi ajoute que non-seulement la tarentule fait danser et fait bien danser, mais qu'elle danse fort bien elle-même !

TAUPES (Voyez **COLIMAÇONS**).

V

VAUTOURS. Certains auteurs écrivent le plus gravement du monde que la subtilité de l'odorat des vautours est telle que trois jours avant le trépas d'un homme ils flairent déjà sa mort.

VENDREDI. Quand on pense que, dans un siècle d'esprits-forts comme le nôtre, il en est bien peu qui ne croient pas à la fatalité de ce jour, que rien ne nous dit pourtant que Dieu ait maudit pour avoir éclairé la mort du Sauveur des hommes (jour de bénédiction plutôt puisque c'est celui du salut !), on n'a plus le droit de s'étonner de la crédulité antique. Qu'il répugne aux brigands de la Calabre, aux bandits des Sierras d'assassiner un homme le vendredi, sûrs de se rattraper le lendemain, s'ils ne se sont pas dédommagés dès la veille, je l'admets volontiers pour l'Italie et pour l'Espagne, terres classiques de la superstition ; mais à Paris, et jusque dans la haute compagnie, mais de préférence dans le monde lettré, hésiter à commencer une entreprise, se défendre de publier un ouvrage le jour néfaste de vendredi, c'est une puérilité digne du moyen âge. Pour moi j'avouerai que plus de vingt fois j'ai rompu le charme, et malgré la tradition singulière (au XIXe siècle !) qui interdit à presque tous les auteurs, acteurs ou directeurs, de donner une pièce nouvelle le vendredi, j'ai déjà choisi ce jour-là pour la première représentation d'une des miennes, et je promets, si je le puis, de rompre bientôt le charme une fois de plus.

VENTRILOQUES. Il n'est peut-être pas d'erreur plus généralement répandue que celle qui fait sortir de leur ventre la seconde voix ou la voix factice des ventriloques. Cette erreur tient à leur nom même, formé de deux mots latins qui signifient *parler du ventre*.

Les Grecs, du reste, supposaient que l'esprit qui possédait la Pythie, les pythonisses et les sibylles, avait fait élection de domicile dans leur ventre. Quand les prêtres de l'antiquité faisaient parler les oracles dans les airs, dans les temples, au fond des forêts, dans les entrailles de la terre, ils avaient déjà résolu tous ces problèmes d'acoustique qui se résument dans l'art de la ventriloquie, dont toutes les opérations, aujourd'hui du moins, s'exécutent non dans le ventre, mais dans la bouche. Les ventriloques les plus fameux depuis la Pythonisse d'Endor, sans parler de ceux et celles que l'on a brûlés dans le moyen âge, sont l'épicier Saint-Gilles, Thiémet (avec sa scène du moulin), et le prestidigitateur contemporain Comte.

VERRE (pilé). L'opinion commune attribue au verre pilé les effets d'un poison si violent qu'elle en fait la composition unique des boulettes avec lesquelles, pendant les grandes chaleurs, la police de Paris empoisonne les chiens errants et démuselés. Franck, Chaussier et Sauvage ont multiplié les expériences sur toutes sortes d'animaux : le verre pilé ne les a ni empoisonnés, ni déchirés, ni dérangés même : ce n'est donc pas de verre pilé que la police de Paris compose sa mort aux chiens : le verre pilé n'est donc pas plus un poison que la poudre de diamant, que le sang des taureaux et des chevaux, que la sueur de l'homme et que le regard des vieilles femmes.

VIPÈRES. Ce qui n'est pas un préjugé, c'est le venin des vipères (que recèlent deux vésicules placées des deux côtés de la mâchoire supérieure); mais ce qui en est un, c'est la faculté d'en guérir la morsure attribuée à une dent de saint Amable, enchâssée tout exprès dans un reliquaire; ce qui en est un, quoi qu'en disent Varron et encore Aristote et Galien, et toujours Pline, c'est que la salive de l'homme ait la vertu fulminante de tuer les vipères. Le fameux médecin Redi a fait d'assez nombreuses expériences pour ne plus laisser place au doute à cet égard : il leur a craché au nez tant de fois qu'il reste prouvé aujourd'hui qu'elles sont parfaitement indifférentes à cette humiliation et la supportent, sans mourir, avec le plus grand sang-froid.

VISION. Les hallucinations de la vue, et des sens en général, sont la source d'erreurs d'autant plus fatales, qu'il y a en elles matérialisation, pour ainsi dire, de certaines idées ou transformation de ces idées en véritables images qui ont pour l'halluciné la même valeur que les objets extérieurs. Percevoir un objet que physiquement on ne peut voir, un son qui n'a pas vibré, une odeur imaginaire, la sensation factice d'objets qui ne peuvent impressionner les organes de la vue, de l'ouïe, de l'odorat et du toucher, ce sont autant d'erreurs de jugement qui constituent ce qu'on nomme des hallucinations. Ainsi Balaam *entend* distinctement les paroles de son ânesse; Pascal *voit* à chaque instant un précipice ouvert sous ses pas; Cardan *sent* toujours et partout une odeur d'encens; une folle de la Salpêtrière *savoure* constamment les mets les plus exquis, un vétéran de l'Empire *sent* continuellement courir sous sa chemise un énorme rat qu'il ne peut saisir; un autre vieux de la vieille, au contraire, ne reconnaît plus, ne sent plus même son corps; il se croit mort depuis la bataille d'Austerlitz. Ainsi Pierre entendit dans le ciel les plus doux concerts; Jean au milieu des innombrables visions de l'Apocalypse, ouït des voix retentissant comme les flots et les tonnerres, et glorifiant la Divinité (Apocal. cap. XIX). Ainsi l'extase de sainte Thérèse lui fit entendre fort distinctement ces paroles de Dieu : « Je ne veux « plus que vous conversiez avec les hommes, mais avec les anges. » Ainsi le Tasse fut longtemps tourmenté par un bruit de cloches et d'horloges qui le remplissait d'effroi. C'est ainsi que peuvent s'expliquer les visions d'Ezéchiel et de saint Jean, l'ombre de Samuel apparue à Saül, le fantôme de Brutus, l'ange de Jeanne d'Arc; et quant aux hallucinations du toucher, celle de Nabuchodonosor qui se voit transformé en bœuf et qui va paître dans les prairies, au milieu des bêtes; celle de Van Baerle, qui croit son corps changé en beurre, et qui, fuyant la chaleur de crainte de tomber en liquéfaction, finit par aller se jeter dans un puits pour se tenir plus frais; celle enfin de Malebranche, qui sentait continuellement un énorme saucisson former le prolongement de son nez. — Les hallucinations démoniaques des prétendus sorciers, les cauchemars d'incubes et de succubes, toutes les perversions des sens, en un mot, sont dues aux contemplations, aux extases, aux contentions d'esprit, au fanatisme religieux, et à tous ces ébranlements du cerveau que mille causes physiques et morales peuvent produire.

VUE (Seconde-). Le somnambulisme et le magnétisme ont assez de bizarreries et de merveilles par eux-mêmes sans que le préjugé ait eu besoin d'ajouter encore à la nature ces impossibles dons de seconde vue à travers les corps opaques, à travers les distances devant lesquels ne pourrait plus tenir aucun secret de famille ou d'Etat. Si j'étais doué de ce regard perçant les espaces, du Sicilien Strabon, qui, malgré la sphéricité de la terre (sphéricité à laquelle il est vrai ne pouvaient penser encore ni Varron, ni Valère-Maxime, ni Cicéron), comptait du cap Lilybée le nombre des vaisseaux sortant du port de Carthage, à une distance de 45 lieues; ou de celui de ces somnambules qui, autour du baquet de Mesmer , voyaient de Paris ce qui se passait dans le sérail du sultan de Constantinople ou à la cour du sophi de Perse; si je possédais cette vue de lynx fabuleux de la femme portugaise qui anatomisait du regard, à travers les habits, les chairs et la charpente osseuse, tout le mécanisme intérieur du corps humain, je serais bientôt le Crésus ou le Monte-Cristo de la Bourse, le sultan de l'Europe devenue mon gynécée, l'empereur et le médiateur de la politique du monde, le Charlemagne et le Napoléon de l'univers.

FIN.

TABLE.

Abeilles 3
Accapareurs . . . . ib.
Air. 4
Amulettes. 5
Anes . . . . ib.
Antipathies . . . . ib.
Antipodes. . . . . ib.
Apparitions 6
Araignées. . . . . ib.
Astres. . . . . ib.
Astrologie. 7
Astrologues . . . . ib.
Aventure (Bonne-) . . . . ib.
Baguette divinatoire . . . ib.
Basilic . . . . ib.
Bélisaire . . . . ib.
Bourreau 8
Caméléon. . . . . ib.
Cartes 9
Centaures. . . . . ib
Charlatans . . . . ib.
Chiromancie. . . . . ib.
Cigognes 10
Cloches . . . . ib.
Colimaçons 11
Colombe . . . . ib.
Comédiens . . . . ib.
Comètes . . . . ib.
Contes. 12
Corde de pendu. . . . . . ib.
Crapauds. . . . . ib.
Croix 13
Cygne (Chant du) . . . . . ib.
Démons . . . . ib.
Devins. . . . . ib.
Dragons . . . . ib.
Ecrevisses. . . . . ib.
Emmaillottement 14
Empiriques . . . . ib.
Erreurs et préjugés. . . . ib.
Éternuments . . . . ib.
Fantômes. 15
Farfadets. . . . . ib.
Fatalité . . . . ib.
Fatalisme . . . . ib.
Feux-Follets . . . . ib.
Foudre . . . . ib.
Fourmis 16
Gauche . . . . ib.
Géants. . . . . ib.
Hallucinations 17
Hiboux. . . . . ib.
Homme-Rouge (le Petit) . . 18
Horoscopes . . . . ib.
Huîtres . . . . ib.
Ichneumon. 19
Juif-Errant . . . . ib.
Juifs . . . . ib.
Laine . . . . ib.
Lézards . . . . ib.
Longévité. 20
Loups-Garous . . . . ib.
Louve. . . . . ib.
Lune . . . . ib.
Lutins. 21
Lynx . . . . ib.
Magnétisme . . . . ib.
Mancenillier 23
Melons. . . . . ib.
Miel . . . . ib.
Mots . . . . ib.
Nains 24
Noblesse . . . . ib.
Nombres . . . . ib.

Noyés 24
Œufs 25
Panacées. . . . . ib.
Papesse Jeanne . . . . . ib.
Patagons . . . . ib.
Peinture sur verre . . . . ib.
Pendu (Corde de) 26
Phénix . . . . ib.
Philtres . . . . ib.
Physionomies . . . . . . ib.
Pierre philosophale. . . . 27
Pies 28
Pluies. . . . . ib.
Plomb 29
Police . . . . ib.
Politesse . . . . ib.
Prédictions 30
Présages . . . . ib.
Pressentiments . . . . . . ib.
Préventions 31
Pronostics 33
Protubérances 34
Puffs . . . . ib.
Recettes 35
Revenants. . . . . ib.
Rêves 35
Rosée . . . . ib.
Safran. 36
Salamandre . . . . ib.
Sang . . . . ib.
Sangsues 37
Sirènes . . . . ib.
Somnambulisme. . . . . . ib.
Sorciers . . . . ib.
Spécifiques 40
Spectres . . . . ib.
Statue de Memnon . . . . ib.
Superstitions. . . . . . . ib.
Sympathies . . . . ib.
Talismans. . . . . ib.
Tapis. 41
Tarentule. . . . . ib.
Taupes. 42
Vautours . . . . ib.
Vendredi . . . . ib.
Ventriloques . . . . ib.
Verre pilé. 43
Vipères . . . . ib.
Vision . . . . ib.
Vue (Seconde-) 44

FIN DE LA TABLE.

Paris.—Imprimerie Bonaventure et Ducessois, quai des Grands-Augustins, 55.

www.ingramcontent.com/pod-product-compliance
Ingram Content Group UK Ltd.
Pitfield, Milton Keynes, MK11 3LW, UK
UKHW021521260726
13993UKWH00004B/1812

9 782329 171456